正しい敬語どっち？350

監修　マナー講師　磯部らん

彩図社

はじめに

「大至急、資料のほうお送りさせていただきます」

この表現を見て、「間違っているな」と思う人もいれば、すんなり受け入れてしまう人もいるでしょう。これは、いわゆる「二重敬語」と呼ばれる回りくどい印象の表現。さらに「〜のほう」という「バイト敬語」も混じっています。

本書が考える正解は、「大至急、資料をお送りします」。これでも十分に丁寧な表現だといえます。このように、普段何気なく使っている敬語を見つめ直してみると、間違った表現をしていたことに気づく人も多いはずです。

「正しい敬語」は、意外なほどシンプルです。

本書では、「二重敬語」「バイト敬語」といった間違った表現、尊敬語と謙譲語を取り違えやすいフレーズなど、多くの人が戸惑いがちな敬語を３５０個集めて、解説しました。学術的に「正しい」とされる敬語表現をベースに、現代のビジネスシーンで「よりスマート」と思われる表現も盛り込んでいます。これらを「社内」「社外」「電話・メール」「日常生活」など、敬語を使うシチュエーションごとにまとめ、実用書としての役割も担えるように構成しました。

本書を繰り返し読み込んでいただくと、「正しい敬語」の向こうに、相手を敬い、信頼関係を築くために丁寧に言葉を磨いてきた日本人の「美しい心」が見えてくることでしょう。

正しい敬語どっち？350

◆

目次

第1章 間違えやすい敬語の基本

第2章　社内で使う敬語

第5章 日常生活で使う敬語

間違えやすい敬語の基本

●気を付けたい二重敬語

001

社内の人に来客の旨を伝えるとき

A・お約束の方がお越しになりました

B・お約束の方がお越しになられました

Bは、「お越しになる」という「お～なる」の尊敬語に、さらに「られる」という尊敬語をつけているという二重敬語になっています。「お越しです」でも失礼にはあたりません。

答え A

002

相手に書類を見せるとき

A・書類をご覧になられますか？

B・書類をご覧になりますか？

単語によっては、「ご～なる」をつけて尊敬語にする方法もあります。こちらも右の問題と同様で、「ご覧になられますか」だと二重敬語になります。「られる」を使って敬語を話す癖のある方は、つい語尾につけてしまいがちですので、気を付けましょう。

答え B

003

自分が出向くことを伝えるとき

A・伺います
B・伺わせていただきます

「伺う」は「行く」の謙譲語なので、さらに「いただきます」をつけるのはやりすぎ。敬語に敬語を重ねてしまう二重敬語なので気を付けましょう。相手を敬おうとするあまり、くどい敬語になってしまいがちなので注意が必要です。

答え A

004

相手に帰社予定時間を尋ねるとき

A・何時頃お戻りになられますか？
B・お戻りは何時頃のご予定でしょうか？

Aは「お戻りになられますか」と「お～なる」と「られる」を一緒に使っている点が間違いです。二重敬語となるので気を付けましょう。「何時頃お戻りになりますか」でも十分です。Bは、そこからさらに丁寧な言い回しになります。

答え B

005

送付すると伝えるとき

A・送付いたします

B・送らせていただきます

自らの行為をへりくだる謙譲語にするときは、熟語に「いたします」をつけるだけで十分です。「させていただく」はよく使われるのですが、この場合は「送らさせて」の「さ」が不要な「さ入れ言葉」になってしまっています。

答え A

006

社内の人に上司の意見を伝えるとき

A・社長がおっしゃられていました

B・社長がおっしゃっていました

「言う」の尊敬語「おっしゃる」に「られる」を付けているので二重敬語となります。社外の人に伝える場合には、「弊社の社長の○○が申しておりました」となります。

答え B

007

上司に趣味の話を聞くとき

A・部長はゴルフをなさるそうですね

B・部長はゴルフをおやりになられるそうですね

「おやりになる」であれば間違いではありませんが、「おやりになられる」は過剰な表現を含む誤った敬語です。また、「おやりになる」よりも「する」の尊敬語の「なさる」を使ったほうがスマートな表現となります。

答え A

008

資料を読んだことを伝えるとき

A・ご拝読しました

B・拝読いたしました

「拝読する」は「読む」の謙譲語。「ご〜する」をつけると二重敬語になります。その他、「見る」の謙譲語「拝見する」、「聞く」の謙譲語「拝聴する」、「受け取る」の謙譲語「拝受する」なども覚えておきましょう。

答え B

●取り違えやすい尊敬語と謙譲語

009

お客様を受付に案内するとき

A・受付でお聞きください

B・受付でお伺いください

「聞く」と「伺う」では、「伺う」のほうがかしこまった言い方であるように感じます。しかし、「伺う」は「聞く」の謙譲語ですので相手の動作を促すときには使いません。よって尊敬語の「お聞きになる」を用いたほうが正解です。

答え A

010

どうしたいか相手に尋ねるとき

A・そちらはどういたしますか？

B・そちらはどうなさいますか？

「いたす」は「する」の謙譲語。相手の意向を伺うのであれば、尊敬語の「される」「なさる」を使います。「される」よりも「なさる」のほうがより敬意があります。「どう」の部分も「いかが」にするとより丁寧です。

答え B

011

「また会いましょう」と伝えるとき

A・またお会いになれるのを楽しみにしております

B・またお目にかかれるのを楽しみにしております

「会う」の謙譲語「お目にかかる」を使ったBが正解。または、「お会いできるのを楽しみにしております」、「お会いするのを楽しみにしております」などの言い換えも可能です。

答え **B**

012

相手に「一緒に行こう」と誘うとき

A・ご一緒にいらっしゃいませんか?

B・ご一緒に参りませんか?

外部の人と同じ行き先だったときなどに使います。「参る」は「行く」の謙譲語ですので、相手に対する敬意を示す場合には、「いらっしゃる」を使います。

答え **A**

013

相手の名前を聞くとき

A・お名前をお聞かせいただけますでしょうか？

B・お名前を頂戴してもよろしいでしょうか？

「頂戴する」は「物」をいただくときに使う言葉ですので、名前に使うのは不適切。「名刺を頂戴する」と混同しないようにしましょう。「お名前をお伺いしてもよろしいですか」とも言うことができます。

答え A

014

相手の連絡先を聞くとき

A・お電話番号をいただけますでしょうか？

B・お電話番号を教えていただけますでしょうか？

「電話番号をいただけますか」は、「教えて」が抜けている言い方で、「電話番号をもらえますか」と言っていることになりますので間違いとなります。「頂戴できますか」も前問と同じ理由でNGです。

答え B

015

天候を聞くとき

A・本日は晴れていらっしゃいますか？
B・本日は晴れていますか？

天候に関しては敬語を使いません。聞き手に対する敬意を表したいときには、「晴れています」より、「晴れております」という言い方をします。

答え B

016

自分の飼っているペットが死んだとき

A・我が家の犬が亡くなりました
B・我が家の愛犬が死にました

「亡くなる」は、人が死ぬことを婉曲的に表現する言い方。犬や猫も家族同然のような意識になってきている世の中ですが、ペットには使いません。相手の心情を考え、主語を人にして「〇〇さんが愛犬と死別されました」と表現する方法もあります。

答え B

017

ここで見て確認するか尋ねるとき

A・こちらで確認なさいますか？

B・こちらで拝見なさいますか？

「拝見する」は謙譲語ですから、相手の行為に対しては使いません。確認してほしいときには、「ご確認いただけますか」「ご確認いただけますでしょうか」となります。

答え A

018

お客様に座って待ってもらうとき

A・お座りしてお待ちください

B・お座りになってお待ちください

Bが正解ですが、後半部分は「お待ちいただけますか」「お待ちいただけますでしょうか」だとさらに丁寧。また、「おかけになってお待ちください」も正しい言い方です。「お座りください」だと少し見下したようなニュアンスがあるので避けたほうがいいでしょう。

答え B

019

相手はすでに知っている案件であることを伝えるとき

A・○○さんは存じているはずですが

B・○○さんはご存じのはずですが

「存じる」は謙譲語なので相手に対しては使いません。高めるべき相手の「知っている」には、「ご存じ」を使います。「存じる」は人に対しては「存じ上げる」、モノに対しては「存じる」と使い分けます。

答え B

020

相手に資料を用意してもらいたいとき

A・資料をご用意できますか？

B・資料をご用意いただけますか？

「ご～できる」は相手に対しては使いませんのでBが正解。「ご用意ください」も文脈によっては問題ないでしょう。例文と同様に、お客様に対して「ご利用できます」と言うのも間違い。尊敬語の型の「ご～なる」を使った「ご利用になれます」が正しい言い方です。

答え B

021

相手が借りるかどうか尋ねるとき

A・こちらをお借りになりますか？

B・こちらを拝借なさいますか？

「拝借する」は謙譲語で、「借りる」の主語は相手になるので間違い。「お～なる」の型を使って「お借りになる」と表現します。丁寧さを高めようとして「お借りになられますか」としてしまうと二重敬語になるので気を付けましょう。

答え A

022

相手に食事をすすめるとき

A・どうぞいただいてください

B・どうぞお召し上がりください

「いただく」は謙譲語なので相手に対する「食べる」という行為には使いません。「おあがりください」も正しい言い方ですが、相手によっては同等か目下に使うニュアンスに取られることもあるようです。

答え B

023

相手に見せたいものがあるとき

A・拝見いただきたいのですが

B・お見せしたいのですが

「拝見する」は「見る」の謙譲語なので間違いです。「お目にかける」「ご覧に入れる」という丁寧な言い方もあります。書き言葉では、「ご覧に供する」なども使われます。

答え B

024

取引先の部長から聞いた話だと伝えるとき

A・御社の部長が申されました

B・御社の部長がおっしゃいました

「言う」の尊敬語「おっしゃる」を使うのが正解。もし自分が一番下で、社長に部長の言葉を伝えるならAの「申されました」は正しいです。「申す」が部長から社長への敬意となり、「れる」が自分から部長への敬意も表すという『二方向への敬語』となります。

答え B

●尊敬語と謙譲語の使い分け

025

「見る」の尊敬語はどっち？

A・資料をご覧になりましたか？

B・資料を拝見いただけましたでしょうか？

「見る」の尊敬語は、「ご覧になる」「見られる」です。「拝見する」は自分がへりくだって他人を立てる謙譲語です。神社仏閣や宝物を見る場合は「拝観する」とも。目上の人に何かを見せるときは「お目にかける」「ご覧に入れる」を使うとよりスマートな印象に。

答え A

026

「言う」の尊敬語はどっち？

A・社長がそのようにおっしゃいました

B・社長がそのように申しておりました

「言う」の尊敬語は「おっしゃる」「言われる」です。「申す」「申し上げる」は謙譲語となります。古風な言い方として「仰せになる」もあり、敬意が非常に高い表現です。

答え A

027

「いる」の尊敬語はどっち？

A・○○様はおりますでしょうか？
B・○○様はいらっしゃいますか？

「いる」の尊敬語は「いらっしゃる」「おいでになる」なので正解はB。「おる」「おります」は謙譲語です。謙譲語のもうひとつの使い方である「丁重語」の例として、「会社にいます」よりも「会社におります」のほうが改まった言い回しになります。

答え B

028

「来る」の尊敬語はどっち？

A・お客様がお見えになりました
B・お客様が参りました

「来る」の尊敬語には「お見えになる」「おいでになる」「お越しになる」「いらっしゃる」があります。「参る」「伺う」は謙譲語となります。また「参る」には「暑くなって参りました」のように丁寧語で使う用法もあります。

答え A

029

「読む」の尊敬語はどっち？

A・昨日のメールはお読みになりましたか？
B・昨日のメールは拝読されましたか？

「読む」の尊敬語は「お読みになる」「読まれる」。謙譲語は「拝読する」ですので、相手の行動に対しては「拝読する」は使いません。この場合、「メールをご覧になりましたか」「メールをご確認いただけましたか」に言い換えてもいいでしょう。

答え A

030

「帰る」の尊敬語はどっち？

A・社長はすでにお帰りになりました
B・社長はすでに失礼しました

「帰る」の尊敬語は「お帰りになる」、謙譲語は「失礼する」「おいとまする」です。社外の人との会話では自社の社長といえど尊敬語にはせず、「社長は本日すでに退勤いたしました」と伝えます。さらに電話などの場合、「ご用件を承りましょうか」と続けると親切です。

答え A

031

「する」の尊敬語はどっち？

A・このあとの進行はどういたしますか？

B・このあとの進行はどうなさいますか？

「する」の尊敬語は「なさる」「される」、謙譲語は「いたす」「いたします」「させていただく」です。女性が使う「する」の尊敬語として「あそばす」もあり、「本日は、いかがあそばしますか」などもあります。「される」よりも「なさる」と言うほうが丁寧な印象を与えます。

答え B

032

「食べる」の尊敬語はどっち？

A・もしよろしければ、召し上がってください

B・もしよろしければ、いただいてくださいませ

「食べる」の尊敬語は「召し上がる」、謙譲語は「いただく」「頂戴する」です。バラエティ番組などで「いただいちゃってください」などと相手にすすめるシーンがありますが、この使い方は間違いです。「どうぞ、おあがりください」という表現もあります。

答え A

033

「行く」の謙譲語はどっち？

A・○時にお伺いする予定です

B・○時に行かれる予定です

「行く」の謙譲語は「伺う」「お伺いする」「参上する」「参る」、尊敬語は「おいでになる」「いらっしゃる」「行かれる」です。ただし「行かれる」は可能の意味で使うと相手にどのように取られるかわからないので、「伺う」を使った表現のほうが安心です。

答え A

034

「知っている」の謙譲語はどっち？

A・お名前はかねがね存じ上げております

B・お名前はかねがね存じております

「知る」の謙譲語は「存じ上げる」と「存じる」なので迷いがちですが、対象が人の場合は「存じ上げる」を、物の場合は「存じる」と使い分けます。尊敬語は「ご存じ」です。「思う」の謙譲語も「存じる」で、「お元気でお過ごしのことと存じます」と使います。

答え A

035

「会う」の謙譲語はどっち？

A・お会いするのは今回が初めてです

B・お会いになるのは今回が初めてです

「会う」の謙譲語は「お会いする」「お目にかかる」、尊敬語は「お会いになる」「会われる」です。「お目にかかりたいと思っておりました」など「お目にかかる」という表現を使ったほうが敬意が高くなります。「会うこと」の謙譲語として「拝謁する」もあります。

答え A

036

「聞く」の謙譲語はどっち？

A・先輩のスピーチ、お聞きになりました

B・先輩のスピーチ、拝聴しました

「聞く」の謙譲語は、「拝聴する」「伺う」です。尊敬語は「聞かれる」「お聞きになる」です。相手に尋ねる場合の「聞く」の謙譲語としては、「お聞きする」「お尋ねする」「伺う／お伺いする」があります。「お聞きする」「伺う」より「承る」のほうが敬意が高い表現です。

答え B

037

「借りる」の謙譲語はどっち？

A・こちらの商品、拝借してもよろしいでしょうか？

B・こちらの商品、お借りになってもよろしいでしょうか？

「借りる」の謙譲語は「拝借する」「お借りする」です。尊敬語は「お借りになる」「借りられる」です。「拝借する」は敬意が高い表現ですので、目上の人の場合などに使います。「貸す」を使って「お貸しいただきたい」も使います。

答え A

038

「もらう」の謙譲語はどっち？

A・名刺をお受け取りします

B・名刺を頂戴します

「もらう」の謙譲語は「頂戴する」「いただく」です。尊敬語は「お受け取りになる」「お納めになる」です。目上の人に「もらう」を使うとぞんざいな印象を与えるので、「受け取る」を使います。謙譲語で「賜る」もありますが、非常に敬意の高い表現となります。

答え B

039

「買う」の謙譲語はどっち？

A・商品をお求めになる
B・商品を買わせていただく

「買う」の謙譲語は「買わせていただく」。尊敬語は「お買いになる」「買われる」です。買った場所を相手に尋ねるときには「買われる」より「どちらでお求めになりましたか」など、婉曲的な「お求めになる」を使うとより丁寧です。

答え B

040

「与える」の謙譲語として適切なのはどっち？

A・その本をあなたにあげます
B・その本をあなたに差し上げます

「与える・やる」の謙譲語「～してあげる」は目上の人に対して使うと失礼にあたるので「～して差し上げる」を使うのが一般的。しかし、差し出がましい印象となる場合もあるため「駅までお送りして差し上げます」よりも「駅までお送りします」とするのが適切です。

答え B

●内と外の逆転敬語

041

社外の人に社員の帰社時間を伝えるとき

A・社長は17時に戻って参ります

B・社長は17時にお戻りになります

「お戻りになる」は尊敬語ですから、外部の相手に話すときに用いると身内の人を高めることになるので間違いです。自社の人の行為を社外の人に伝える場合は、謙譲語の「参る」を使います。

答え A

042

社外の人に「担当の者に伝言します」と伝えるとき

A・担当者に申し上げておきます

B・担当者に申し伝えます

「申し上げる」は謙譲語なので、この場合は身内の人を高めてしまっていることになり間違いです。「申し上げる」という謙譲語は「伝える相手」を高めるので伝える相手が誰なのかを注意しましょう。

答え B

043

家族からの伝言を上司に伝えるとき

A・母が「よろしく」とおっしゃっておりました

B・母が「よろしく」と申しておりました

上司に家族のことを伝えるときは、上司は「外」の人にあたります。Aは「内」にあたる母親を高めてしまうので間違い。「言う」の謙譲語の「申す」を使うのが正解です。

答え B

044

社外の人に「上司が到着する」ことを伝えるとき

A・ただいま上司がいらっしゃいます

B・ただいま上司が参ります

社外の人に対して、身内の社員を高める敬語は使いません。「お戻りになります」も間違いで、「戻って参ります」が正しい表現です。

答え B

045

相手にタクシーが来たことを伝えるとき

A・タクシーが到着しました

B・タクシーがいらっしゃいました

敬意を示す相手が利用するものであっても、物には敬語を使いません。「晴れていらっしゃいますね」など、天気に関しても同様です。

答え A

046

上司から「お母さんによろしく」と言われたとき

A・はい、お母様に申し上げておきます

B・はい、母に伝えておきます

身内に敬語は使いませんので、「伝えておきます」が正解。また自分の家族のことは、人前では「お母様」ではなく「母」と呼び捨てにします。「父、祖父、祖母、兄、姉」なども同様。「うちのお母さんが」と大人が言っているのも耳にしますので、気を付けましょう。

答え B

047

上司にお客様が来たことを伝えるとき

A・お客様が参られました

B・お客様がお見えになりました

「参る」は行くの謙譲語ですので、お客様など外部の人に対しては使いません。お客様の行為を高めている「お見えになりました」が正しい表現です。

答え B

048

社内の人から聞いた旨を社外の人に伝えるとき

A・その件は、私どもの課長から伺っております

B・その件は、私どもの課長の○○から聞いております

「伺う」は謙譲語なので、自分を低めて課長を立てていることになります。社外の人に対しては「聞いております」を使います。また、社外の人に社内の人の話題を出すときは、役職ではなく名前を呼び捨てにして表現します。

答え B

049

社外の人に上司が先方の資料を確認しているか尋ねられたとき

A・課長の〇〇もご覧になっています

B・課長の〇〇も拝見いたしました

「ご覧になる」は尊敬語として真っ先に使ってしまいがちですが誤りです。社外の人の前で、自分の上司を高めてしまうので、謙譲語の「拝見する」を使いましょう。また、「課長」などの役職も先方に対しては名前の前につけて「課長の〇〇」とするのが正解。

答え

B

050

自分の上司から資料を見せると伝えるとき

A・部長の〇〇が△△の資料をお見せします

B・部長の〇〇が△△の資料をお見せになります

社外の人との会話では、自分の上司であっても高めてはいけません。この場合、主語は部長ですが、謙譲語を使う場面のため「お見せする」が正しいです。

答え

A

051

自社の社長が取引先に案件について問い合わせをしたとき

A・私どもの社長の○○が案件についてお尋ねになりまして……

B・私どもの社長の○○が案件についてお尋ねしまして……

Aは社長に対して「お尋ねになる」と敬っているので間違いです。「お尋ねいたしまして」「尋ねさせていただきまして」「お問い合わせしまして」「お伺いしまして」「お問い合わせしまして」などとなります。

答え **B**

052

上司に親が他界したことを伝えるとき

A・父が逝去いたしました

B・父が亡くなりました

逝去（せいきょ）は「死ぬ」の尊敬語。他人の死を敬って言う言葉ですので、身内に対しては使いません。相手に対しては、「ご尊父様のご逝去を悼み、一言ご挨拶申し上げます」などと伝えます。

答え **B**

●役職の呼称

053

社内で上司を呼ぶとき

A・○○課長

B・○○課長さん

役職それ自体が敬称になるので、「さん」や「様」をつけると敬称が二重になってしまいます。

答え A

054

社外の人に上司の話をするとき

A・弊社の○○課長は〜

B・弊社の課長の○○は〜

外部の人に対しては、身内は呼び捨てにします。「○○は〜」、もしくは「課長の○○は〜」と敬称はつけません。自社の社長であっても同様です。

答え B

055

社外の役職者の話をするとき

A・御社の○○部長様は〜

B・御社の部長の○○様は〜

相手先に対して「○○部長様」とは言いません。これも敬称が二重になっています。「様」を付けて呼ぶときには、「部長の○○様」と言います。

答え B

056

メールで社外の人の名前を書くとき

A・株式会社○○　部長△△殿

B・株式会社○○　部長△△様

「殿」は人名や官職名について敬意を表す語。堅い印象があり、事務的・公的な場で使われることが多いです。「様」は誰に対しても使えるのに対し、「殿」は目下の人に対する敬称という解釈もありますので、「様」を使うほうが無難です。

答え B

●バイト敬語になりがちな表現

057

お客様にお茶を出すとき

A・お茶でございます

B・こちらお茶になります

「〜になります」は、「〜です」よりも丁寧な言い方をしようとして「〜でございます」の代わりに使われるようになった傾向がありますが、適切な表現ではありません。

答え A

058

相手に領収書の要否を聞くとき

A・領収書のほうはどうなさいますか？

B・領収書はどうなさいますか？

不必要な「〜のほう」を使っている言葉です。「〜のほう」には、物事をぼかして言ったり遠回しにする用法と、対比・比較する対象がある場合に使います。必要以上のぼかし表現は逃げの姿勢が感じられるので注意が必要です。

答え B

059

お金を預かるとき

A・千円からお預かりいたします
B・千円をお預かりします

「〜から」には、「とりあえず千円から代金を仮にお預かりします」という意味合いが含まれてしまいます。バイト敬語となりますので、「千円をお預かりします」と言うほうがすっきりします。

答え B

060

お金を返すとき

A・五百円のお返しです
B・お返しは五百円になります

「〜になります」は本来、「名詞」＋「〜になる」の形をとって変化を表す表現です。それを「です」の代わりに使うのはバイト敬語の典型的な例です。「返します」→「お返しします」→「お返しいたします」の順に丁寧になります。

答え A

061

注文の確認をするとき

A・ご注文は以上でよろしいでしょうか？

B・ご注文は以上でよろしかったでしょうか？

「よろしかったでしょうか」は違和感を覚えるバイト敬語。店側が客に念押ししているようで不快に感じる人もいるので、「よろしいでしょうか」のほうが適切です。

答え

A

062

お買い得品であることを伝えるとき

A・こちらお求めやすい価格です

B・こちらお求めになりやすい価格です

相手の動作に対して敬意を示すには、「お〜になる」という形をとるので「お求めになりやすい」となります。「読みやすい」を「お読みやすい」とせず「お読みになりやすい」とするのと同様です。

答え

B

063

商品が高価なものであると伝えるとき

A・こちらは少しお値段が高いですが…

B・こちらは少々お値段が張りますが…

「値段が高い」は「値段が張る」「予算を上回る」という遠回しな表現にしたほうが、相手に恥をかかせません。

答え **B**

064

相手が希望する商品がないとき

A・○○は、人気のため在庫がございません

B・○○は、人気のためあいにく切らしております

「在庫がない」は相手からすれば冷淡な印象を受ける表現ですので、「切らしている」と言い換えます。婉曲的な表現にすると断るにしても角が立ちません。

答え **B**

065

相手に「忘れ物に気を付けて」と伝えるとき

A・お手回り品をお忘れなく

B・お荷物をお忘れなく

荷物と言うよりも、身辺、身の回りを指す「手回り」という語を使って、「お手回り品をお忘れなく」という表現のほうが一般的にもよく使われています。

答え

A

066

相手が何人で来るのか聞くとき

A・何名ですか？

B・お連れ様はいらっしゃいますか？

同伴者の有無を聞くときには「お連れ様」という表現を使います。「～ですか」よりも「～でいらっしゃいますか」という表現のほうがより丁寧な印象になります。

答え

B

067

接客で相手がタバコを吸うか聞くとき

A・おタバコは吸いますか？

B・禁煙席と喫煙席、どちらがよろしいでしょうか？

ダイレクトに聞かずに選択肢を挙げて相手に選んでもらうようにします。またタバコを禁止しているお店では、「吸わないでください」ではなく「ご遠慮ください」だとやんわりとお断りする表現になります。

答え B

068

席の予約を希望する相手に返事をするとき

A・お席のほう、ご用意できます

B・はい、ご用意いたします

まずは、返事をして「～いたします」と表現したほうが、相手にこちらの好意が伝わって、印象がよくなります。「～のほう」は、不要な表現です。

答え B

069

お客様からお礼を言われたときにより良いのは？

A・喜んでいただけて光栄です

B・とんでもございません

相手から感謝されたときにはシンプルにお礼と感謝の言葉を伝えるのがベスト。「とんでもありません」や「とんでもございません」は、本来「とんでもないです」「とんでもないことでございます」と言うべきですが、現在では広く使われる言い方となりました。

答え A

070

お客様へ了解したことを伝えるとき

A・はい、かしこまりました

B・はい、わかりました

「かしこまりました」は「わかる」「引き受ける」の謙譲語で、主にお客様や目上の人からの用件に対する返事として用いられます。

答え A

071

お客様に教えを乞うとき

A・不慣れですので、ご指導お願いします

B・わかりませんので、教えていただけますか？

ダイレクトにわからないと言うのはＮＧ。経験不足を認め、前向きな態度で答えるのがお客様に対する姿勢です。

答え　A

072

お客様にお値打ちなものをすすめたいとき

A・こちらのほうがお買い得です

B・こちらのほうが安いですよ

「安い」や「高い」などの直接的な表現を避け、「お買い得」や「お求めになりやすい」といった表現でさりげなく伝えるほうがお客様に恥をかかせないので適切です。

答え　A

073

お客様に説明するとき

A・ご説明いたします

B・お教えいたします

お客様に対して「教える」という言葉は使いません。さらに丁寧な表現として、「ご説明申し上げます」も使います。

答え A

074

注文をとるとき

A・ご注文をお承りします

B・ご注文を承ります

「承る」は「受ける」の謙譲語なので、言葉そのものが敬語になります。さらに「お～する」をつけると二重敬語となります。ただし、「ご注文をお伺いします」は習慣的に使われることで定着している用法です。

答え B

075

お客様に注文が決まったか確認するとき

A・ご注文の品はお決まりになりましたか？
B・ご注文の品はお決まりでしょうか？

注文の品に「お決まりになる」という尊敬語を使っているので誤りです。人に対して「お客様の人数はお決まりになりましたでしょうか」などのように使います。

答え B

076

お客様に注文の形式を伝えるとき

A・お料理はこちらの3品からお選びください
B・お料理はこちらの3品から選んでいただく形になります

「〜という形で」の表現はよく使われますが、耳障りな表現です。婉曲に言おうとして使いがちですが、すっきりとした表現にします。

答え A

第2章

社内で使う敬語

●あいさつの敬語

077

朝、出社したとき

A・おはようございます

B・お疲れ様です

「お疲れ様」は相手の疲れをねぎらう際のあいさつの言葉。会社では、仕事を終えて帰る人に対するあいさつとして使用します。出社した際のあいさつとしては、「おはようございます」が適切です。

答え A

078

退社するとき

A・お先に失礼します

B・お疲れ様でした

退社するときのあいさつは、「お先に失礼します」または「お先に失礼させていただきます」。上司や同僚が仕事を忙しくしているときには、「何か手伝うことはありませんか？もしなければ本日は失礼させていただきたいのですが」と気遣うことも忘れずに。

答え A

079

外出するとき

A・営業に行って、15時に戻ります

B・営業に行ってきます

「行ってきます」だけでも間違いではありませんが、電話を取り次ぐ可能性のある周りの人には、行き先や帰社予定時間を伝えるとより親切です。「行って参ります」のほうが丁寧な印象となります。

答え A

080

外出先から戻ったとき

A・お疲れ様です

B・ただいま戻りました

外出先から戻ったときには、自分が帰社したことを伝える必要がありますので、「お疲れ様です」ではなく会社に戻ったことがわかる表現を使います。「戻って参りました」という表現はより丁寧です。

答え B

081

外出する上司に対して

A・○○社への訪問、お願いいたします

B・○○社への訪問ですね、行ってらっしゃいませ

上司の仕事の外出に対して「お願いします」は上からの目線に聞こえることもありますので、「行ってらっしゃい」の語尾に「ませ」をつけて「行ってらっしゃいませ」にします。「お気を付けて」を付け加えればさらに丁寧な表現に。

答え B

082

帰社した上司に対して

A・ご苦労さまです

B・お帰りなさいませ

基本は「お帰りなさいませ」。「ご苦労さまです」は、目上の人が目下の人をねぎらう際に使う言葉ですので、上司には失礼にあたります。「お疲れ様です」という表現もこの場合は可能です。「お疲れ様です」は、目上の人・目下の人を問わず使うことができます。

答え B

083

自己紹介をするとき

A・はじめまして、山田太郎と申します

B・こんにちは、山田です

「山田です」だけでは少し丁寧さが足りない印象。自己紹介では「〜と申します」とフルネームを伝えます。「よろしくお願いいたします」という言葉も付け加えましょう。

答え A

084

異動してきて、あいさつをするとき

A・転属してきた山田でございます

B・本日付でこちらに配属されました山田太郎です

異動してきたときには、相手が社内の人で顔見知りの場合でも、フルネームでどの部署から配属されてきたのかを伝えると親切です。「ご指導のほどよろしくお願いします」など前向きな姿勢を示すと好印象です。

答え B

●報告・連絡・相談をするとき

085

出先で上司に対して

A・今日はこのままお帰りになりますか？
B・今日はこのまま失礼しますか？

「失礼する」は、自分の行動に対して使う言葉ですので、「お帰りになりますか」「お戻りになりますか」を使います。「帰る」の尊敬語は「お帰りになる」なので、「帰られますか」ではなく、「お帰りになりますか」とします。

答え A

086

上司に案件について知っているか確認するとき

A・〇〇の件、知っていらっしゃいますか？
B・〇〇の件、ご存じですか？

「知っていますか」だとやや上から目線な印象を受けますので、「知る」の尊敬語「ご存じ」を使って尋ねるとよいでしょう。

答え B

087

アイデアがほしいとき

A・お知恵を拝借したいのですが……

B・お教えになっていただけますでしょうか

「お教えになる」は教えるの尊敬語ですが、さらに「～していただけますでしょうか」と言い回しがくどい表現ですので、シンプルに「教えていただけますか」または「お知恵を拝借したいのですが」のほうがスマート。「お知恵をいただけますか」という言い方も。

答え A

088

言われたことが記憶にないとき

A・申し訳ございません。聞き落としていたようです

B・私の記憶にはございません

こちらの不注意で聞き逃したことを尋ねるのですから、「申し訳ございません」とお詫びのひと言を。「記憶にない」という言い方は言い逃れのようで、相手に対して適切な表現ではありません。

答え A

089

相手の言うことが理解できないとき

A・もう一度おっしゃっていただけないでしょうか？

B・もう一度ご指示いただいてもよろしいでしょうか？

Aは「おっしゃる」と「いただく」を併用した二重敬語の間違い。「おっしゃる」は「言う」の尊敬語、「いただく」は「もらう」の謙譲語です。相手の「言った」を尊敬語にして、さらに「いただいた」という謙譲語をつけると大げさになってしまいます。

答え B

090

相手先で自社に連絡をするとき

A・今、○○商事様にお邪魔しております

B・今、○○商事にいらっしゃいます

「いらっしゃる」を使うと自分に対して敬語を使っていることになってしまいます。「○○社にお邪魔しております」「○○様のところにおります」が的確です。

答え A

091

仕事の状況を報告するとき

A・○○は問題ありません

B・○○の件は順調です

「問題ない」「なんとかやっています」よりも「順調にいっています」と報告します。直属の上司以外やお世話になった上司に、仕事の状況や自分の近況を報告するときには「おかげさまで」という感謝を相手に伝えるフレーズを入れるとよいでしょう。

答え B

092

来客があったことを伝えるとき

A・お客様がお見えになられました

B・お客様がお見えになりました

Aは「来る」の尊敬語「お見えになる」+「られる」の二重敬語の間違い。Bの「お見えになりました」が正しい表現です。「られる」の表現はつい使いがちですので特に意識しましょう。

答え B

093

先方のことを伝えるとき

A・先方がお喜びになっておられました

B・先方は喜んでいらっしゃいました

「お」や「ご」をつけすぎると、聞き苦しくなってしまう場合があります。「おられる」は「いる」の荘重な言い方。地域によっては「いらっしゃる」と同義の尊敬語としても使われます。

答え B

094

部長から、課長に対して案件の報告をしたか聞かれたとき

A・課長にそのようにご報告しました

B・課長にそのように報告いたしました

敬語は文のおしりにつけたほうがすっきりします。「ご報告しました」も間違いではありませんが、「報告いたしました」のほうがきれいな敬語です。

答え B

095

報告書の内容を知っていたかと聞くとき

A・報告書の内容についてご存じでしたか？

B・報告書の内容について存じ上げていましたか？

「存じ上げる」は「知る」の謙譲語。ですので、自分が知っているときには使いますが、相手の動作に対しては使いません。「知っている」の尊敬語である「ご存じですか」が正解となります。

答え A

096

すでに見たか聞きたいとき

A・もう拝見されましたか？

B・もうご覧になりましたか？

「拝見する」は「見る」の謙譲語なので間違い。「ご覧になりましたか」が正しい敬語です。相手に見せるときには、「ご覧に入れる」「お見せする」「お目にかける」という言い方もあります。

答え B

097

上司に案件のことを聞いているか尋ねるとき

A・部長、○○の件、お聞きになりましたか？

B・部長、○○の件、伺っていらっしゃいますか？

「伺う」は謙譲語なので間違い。つい言ってしまいがちな「お聞きになられましたか」にすると二重敬語になりますので、注意します。

答え A

098

予定の変更を伝言するとき

A・打ち合わせ日時が変更になりました

B・先方より打ち合わせ日時の変更依頼がございました

「変更になりました」より「変更依頼がございました」のほうが丁寧。上司に報告するときには、その理由を伝えると上司にとっても受け入れられやすくなりますので、その背景も伝えるとよいでしょう。

答え B

099

折り入って相談したいとき

A・込み入ったご相談なのですが……

B・ご面倒な相談なのですが……

「面倒」というのは、こちらの主観が入っているのでNG。「込み入った」という言葉を使うほうが自然です。さほど親しくない相手に頼むときにはAのような言葉や、「ぶしつけなお願いで恐縮ですが」という前置きをおいて話しても◎。

答え A

100

上司に金銭面の難しさを理解していると伝えるとき

A・金銭的に難しいことは、わかっております

B・金銭的に難しいことは、承知いたしております

「わかる」の謙譲語は「承知いたす」「理解いたす」「かしこまる」「承る」です。相手側の理解を報告する際には「ご理解なさっているはずです」となります。依頼や要求をつつしんで受けるという意味の「かしこまりました」はビジネスでよく使います。

答え B

●上司との日常のやりとり

101

上司に呼ばれたとき

A・なんでしょうか？

B・はい、お呼びでしょうか？

名前を呼ばれたらまず「はい」と返事を。オフィスでは「なんでしょうか？」はラフすぎるので、「お呼びでしょうか」とメモとペンを持って上司の元へ。「ただいま参ります」という言い方もあります。

答え B

102

上司に了承したことを伝えるとき

A・承知いたしました

B・了解いたしました

上司やお客様に対して「了解しました」「わかりました」はNG表現。丁寧な表現として「承知しました」「かしこまりました」などがあります。「そのようにいたします」という言い方もあります。

答え A

103

遅刻するとき

A・すみません、15分くらい遅れます

B・電車の遅延で、15分ほど遅れます。申し訳ございません

「すみません」ではなく、「申し訳ございません」ときちんと謝罪の言葉を使います。理由を伝え、どれくらいで到着できるかを伝えます。交通渋滞や自然災害以外の、個人的な寝坊などの理由はあえて言わないほうがベター。

答え B

104

わからない点を質問するとき

A・すみません、わからないのですが

B・質問してよろしいでしょうか？

「わからない」と言うと相手の説明の仕方がわかりにくいと指摘しているようにも聞こえてしまうので、「質問してもよろしいですか」「確認したいのですが」という言い方のほうがよいでしょう。

答え B

105

ミスを指摘されたとき

A・本当にすみません

B・申し訳ございません

「すみません」という言葉は正式な謝罪とはなりません。「誠に申し訳ございません」、「申し訳ございません。二度とこのようなことは起こさないように気を付けます」などの前向きな言葉を添えて。

答え B

106

取引先に直行するとき

A・明日は○○社に立ち寄って△時頃出社いたします

B・○○社に直行します

自分の所在の場所を上司が確認できるように、いつ出社予定なのかも報告します。もし、打ち合わせが延びて帰社予定より遅れる場合にも一報入れておくとよいでしょう。チームで仕事していることを意識して、上司に報告することが重要です。

答え A

107

出先から直帰するとき

A・本日はこのまま直帰させていただいてもよろしいでしょうか?

B・本日はこのまま帰らせていただきます

Bは言い方は丁寧でも、断言している表現に聞こえます。上司には伺いをたてて「〜してもよろしいでしょうか」と伝えるほうが印象がよくなります。

答え A

108

体調を崩して早退するとき

A・調子が悪いので先に上がります

B・体調不良のためお先に失礼してもよろしいですか?

「先にあがります」と言うと上司に許可を取るのではなく、宣言しているようになるので、あくまで上司に伺いをたてる感じで伝えます。あなたが担当している業務が滞ることも意識して、「申し訳ございません」という言葉と同僚などへの気遣いも忘れずに。

答え B

109

ランチから帰ってきたとき

A・お先にお昼をいただきました

B・お先にご馳走様でした

「ただいま戻りました」も間違いではないですが、上司のお昼がまだでしたらAのようにひと言添えると好印象です。「ご馳走様」は、一緒に食事をしたりもてなしを受けたりしたときのあいさつで、自分が先に食べたことに対して報告するときには使いません。

答え A

110

頼まれたことを忘れていたとき

A・大変失礼いたしました

B・失念しておりました

ダイレクトに「忘れていて……」という言葉はNG。この場合、「失念しておりました」と言っても間違いではありませんが、「申し訳ございません」、「すぐに対処いたします」という言葉の後に添えるのがいいでしょう。

答え A

111

チームのミスを叱責されたとき

A・申し訳ございません。○○さんの責任です

B・申し訳ありません。チーム全体で改善策を考えます

チームでの取り組みにおいて、誰かに責任を負わせるのはNGです。あくまでチーム全体としての対処を考えていく方向性で行くのが大人な対応。上司への報告者があなたであれば、チームリーダーとして責任を負うのも大切な役割です。

答え B

112

預かっていた書類を渡すとき

A・お預かりさせていただいた書類をお持ちいたしました

B・お預かりしていた書類をお持ちしました

「させていただく」は「する」の謙譲語ですが、「相手の許可を得て行う」というニュアンスがありますので、この場合には、「お預かりしていた」のほうが自然です。

答え B

113

体調の悪い上司に対して

A・どうぞお大事にしてください

B・どうぞお大事になさってください

目上の人に対しては、「お大事にする」ではなく尊敬語の「なさる」を加えて「お大事になさる」とします。自分が大事をとるときには「とらせていただきます」です。

答え B

114

上司に元気かと聞かれたとき

A・おかげさまで元気にしております

B・元気でやっております

元気でいられるのは周りの人のおかげです。感謝の気持ちを込めて、「おかげさまで」という表現を身につけましょう。謙虚な姿勢を忘れないことが、上司や周りからも好意を持たれるポイントです。

答え A

115

久しぶりに会った上司に対して

A・こんにちは、ご無沙汰しております

B・お久しぶりです。お元気ですか？

「久しぶり」は同等の立場の人に向かって使う言葉です。また「どうも、ご無沙汰しています」など「どうも」という言葉はつい口から出てしまいがちですが、「こんにちは」とあいさつしましょう。

答え A

116

退職する上司に対して

A・大変お世話になりました

B・ご苦労さまでした

「ご苦労さま」は、立場の上の人が目下の人に向けたねぎらいの言葉です。上司には「お世話になりました」が正解。上司が退勤するときには「お疲れ様でした」を使いましょう。

答え A

●上司との仕事のやりとり

117

上司に異議を唱えたいとき

A・私の勘違いかも知れませんが……

B・それは違うのではないでしょうか

上司からの提案などに対して「違うと思います」とダイレクトに言うと角が立ってしまいます。「あくまで私の意見ですが」というスタンスで。このニュアンスだと上司だけでなくお客様相手の場合にも角を立てず伝えることができます。

答え **A**

118

相手が書類を確認したかどうかを尋ねるとき

A・書類は、ご覧になりましたか？

B・書類は、ご覧になられましたか？

「ご覧になる」は「見る」の尊敬語。そこに「られる」をプラスすると二重敬語になってしまいます。思わず使ってしまいがちな二重敬語を再度確認しておきましょう。

答え **A**

119

相手に同意するとき

A・はい、課長の申されているとおりです
B・はい、課長のおっしゃるとおりです

「申す」は「言う」の謙譲語ですので、目上の人の行為に対して使うのは間違いです。尊敬表現の「〜される」を使った「課長が話されたとおりです」という言い方もできます。

答え B

120

仕事を任せることが可能か聞かれたとき

A・全然大丈夫でございます
B・問題ございません

依頼を受けるときには、「それくらいならいつでも言ってください」という意味で「全く問題ありません」と言えば、相手に負担を感じさせません。「おやすい御用です」という表現も。本来、「全然」は「〜ない」と打ち消しの表現と一緒に使う言葉です。

答え B

121

急ぎの仕事を任されたとき

A・大至急、取りかかります

B・速攻、取りかかります

「速攻」という言葉は、いわゆる俗語です。日常の口癖で出てきてしまう人は、職場などで使わないように普段から気を付けましょう。

答え A

122

難しい仕事を依頼されたとき

A・全力で取り組みます

B・全力でやらさせていただきます

Bは、謙譲語である「～せていただく」に、不要な「さ」を入れる間違い。それを正せば、「全力でやらせていただきます」という謙譲語となります。この表現だと、その仕事を自分に振ってくれた相手への感謝の気持ちを表すこともできます。

答え A

123

上司に助けてほしいとき

A・お力添えをいただけますか？

B・協力いただけますか？

「協力いただけますか」は同僚に対して使う言葉。目上の人には特に、「能力のあるあなたにぜひ力を貸してほしい」と相手を立てているニュアンスを含んだ表現を使うと◎。

答え A

124

目上の人の苦労をいたわるとき

A・ご苦労さまでございました

B・お疲れになったのではありませんか？

「ご苦労さま」は目下の人に使う言葉なのでNG。目上の人にお世話になったときや頼んだことを引き受けてもらったときには、いたわりの言葉や「助かりました、ありがとうございます」などとお礼の言葉を伝えます。

答え B

125

目上の人の体調をいたわるとき

A・お加減はいかがでしょうか？

B・体調は大丈夫ですか？

体調を崩されている方に向けて「その後、体調はいかがですか」と伝えるときの、相手に尊敬を込めた表現です。ですので、健康な方に対してこの表現は使いません。体調を崩されていないときの表現は、「お元気ですか」「お変わりありませんか」とします。

答え A

126

一緒に行ってもいいか尋ねるとき

A・一緒に参りませんか？

B・ご一緒してもよろしいですか？

一緒に行くことを丁寧に聞く表現として、「ご一緒してもよろしいですか」があります。「参る」は謙譲語なので動作の主が目上の人の場合に使うのは間違い。「ご一緒させてください」という前向きな表現を使ってもよいでしょう。

答え B

127

急な作業をお願いするとき

A・急で申し訳ないのですが、お願いします

B・急なお願いで恐縮ですが、お願いできますでしょうか？

急いでいるからといって、相手に強要するような表現はNGです。お願いする立場にあるのですから、「～してください」「お願いします」のような直接的な言い方よりも依頼する表現で頼むほうが、快く引き受けてもらえるでしょう。

答え **B**

128

急な残業を断りたいとき

A・本日はこのあと○○の予定がございまして……

B・本日はお先に失礼させていただく予定でして……

Bは、「失礼させていただく予定」ではなく、「失礼させていただけませんでしょうか」という表現ならば正しい言い方です。どうしても断らなければならない場合には、その理由を説明し、「明日の朝早くでしたらお引き受けできますが」と代案を出しましょう。

答え **A**

129

書類を確認してほしいとき

A・書類を拝見いただけますか？

B・書類にお目通しいただけますか？

「拝見する」は謙譲語なので、相手に対して使うのは間違い。「ご覧いただけますか」「ご確認いただけますか」などとします。

答え B

130

目上の人に一緒に行くと伝えるとき

A・私が同行いたします

B・私がご一緒に行かさせていただきます

Bは不必要な「さ」入り言葉です。また、Bを正した「行かせていただきます」も間違いではありませんが、「お供します」などとシンプルにしましょう。「ご同行させていただきます」は間違いではないものの、敬語の使いすぎなので避けたほうがベターです。

答え A

131

自分の意見を伝えるとき

A・私は～と存じます

B・私的には～だと存じます

「私的には～」は若者言葉。ビジネスや目上の人との会話には使わないようにしましょう。若者言葉として、「一応」や「やっぱり」「～とか」なども避け、「念のため」「やはり」「～など」に変えます。

答え A

132

時間があるときにお願いしたいとき

A・お手すきの折にでも

B・お暇なときにでも

急ぎではない仕事を頼むときのフレーズです。意味は「暇なときに」と同じですが、お願いする人に対して「暇なとき」は上から目線の言葉ですので失礼にあたります。「お忙しいとは存じますが」「お時間が許すときに……」という言い方もあります。

答え A

133

上司に書類の誤りを直してほしいとき

A・お直しいただけますか？

B・ご訂正願えますか？

目上の人に対しては「直す」という直接的な表現よりも、婉曲的な表現である「訂正する」や「お改め願えますか」を用いるほうが適切です。

答え **B**

134

上司から褒められたことを別の人に話すとき

A・社長からお褒めの言葉をもらいました

B・社長からお褒めの言葉を賜わりました

目上の方に対して「もらう」を用いるとぞんざいな印象を与えてしまうため、「受け取る」「いただく」などを使います。謙譲語の「賜る」は非常に敬意の高い言葉です。「お褒めにあずかりました」「お褒めいただきました」なども。

答え **B**

135

部長がお客様を注意したという話をするとき

A・部長、お客様をお諫《いさ》めになったと聞きました

B・部長、お客様をお叱りになったと聞きました

「目上の人を注意した」と言うときには「叱る」を使いません。「叱る」は目上の人が目下の人の良くない行動をとがめる意味です。目下の人が目上の人の行動を指摘する場合には「諫める」「ご意見を申し上げる」などを使います。

答え A

136

複数の上司に書類を配るとき

A・資料を一部ずつお持ちになってください

B・資料を一部ずつお持ちしてください

「お持ちする」を相手に使うのは誤りです。相手の行為に謙譲表現「お～する」は使いません。「持つ」の尊敬語は「持たれる」「お持ちになる」「お持ちなさる」です。

答え A

137

上司に実家に帰ることを伝えるとき

A・夏休みは実家に参ります

B・夏休みは実家に帰ります

「帰ります」でも間違いではありませんが、上司に対して話すときには、自分の実家に行くことを丁寧に表現するとよいでしょう。へりくだろうとするあまり「行く」の謙譲語である「伺う」という言葉を使わないよう注意を。

答え A

138

相手の趣味などの好みを聞きたいとき

A・部長、ゴルフをおやりになられるんですか？

B・部長、ゴルフをなさるのですか？

「する」の尊敬語は「なさる」「おやりになる」「される」。「おやりになるのですか」という言い方はできますが、「おやりになられる」は二重敬語となります。

答え B

139

上司に取引先が言っていたことを伝えるとき

A・○○さんがこのようにおっしゃられました

B・○○さんがこのようにおっしゃいました

Aは「言う」の尊敬語「おっしゃる」に「られる」がついた、間違えやすい二重敬語。「おっしゃいました」が正しい敬語です。

答え **B**

140

部長が表彰されたと言うとき

A・部長が賞をお取りになりました

B・部長が賞をいただかれました

「いただかれる」は謙譲語の「いただく」に尊敬語の「られる」がついたもの。謙譲語に尊敬語がついたもので、このような二重敬語にも注意しましょう。「お取りになられる」も尊敬語が重なる二重敬語となり間違いです。

答え **A**

●上司に誘われたとき

141

食事に誘われたとき

A・行かさせていただきます

B・ぜひご一緒させてください

Aは不要な「さ」が入った「さ」入り言葉の誤り。「さ」を取って「行かせていただきます」も間違いではありませんが「ご一緒させてください」「喜んでお供いたします」のほうがスマートな表現。

答え **B**

142

ご馳走になったとき

A・ご馳走になり、ありがとうございました

B・ご馳走になってしまいすみません

お礼を言うときには「すみません」ではなく「ありがとうございます」と伝えたほうが好印象。「すみません」はどんなシチュエーションでも使いがちですが、他の言葉に言い換えたほうが相手に敬意が伝わります。

答え **A**

143

誘いを断るとき

A・申し訳ありませんが、行けません

B・あいにく先約がございまして、申し訳ありません

「申し訳ないのですが、あいにく先約がありまして……」は断るときの常套句。また「行けません」は強い言葉ですので、上司からの誘いを断るときには婉曲的な表現を使うと角が立ちません。

答え **B**

144

急に行けなくなってしまったとき

A・急用が入ってしまって、行けなくなりました

B・申し訳ございません、外せない急用が入ってしまいまして……

まずは、約束をしていたのに行けなくなってしまったことをお詫びします。お店などに行く予定の際は、キャンセル料などがかからないかなどの確認を。「また別の機会にお願いします」と付け加えるとベター。

答え **B**

●会議の場面で使う敬語

145

社内の重役や幹部を迎えるとき

A・お疲れ様です

B・お待ちしておりました

遠方から来た場合には「お疲れ様でございます」という言葉も使いますが、通常は「お待ちしておりました」を使います。「いらっしゃいませ」は外部の人には使いますが、内部の人へは適していません。

答え B

146

もう一度説明してほしいとき

A・もう少し詳しいご説明をいただきたいのですが……

B・わからない部分があり、もう一度よろしいでしょうか？

「わからない」と言ってしまうと相手の説明の仕方が悪かったように受け取られかねないので、「詳しい説明を」と言い、どの部分を聞きたいのかを伝えます。「もう一度よろしいでしょうか」よりも「ご説明をいただきたいのですが」のほうが丁寧です。

答え A

147

会議の途中で席を外すとき

A・少々お席のほう外させていただきます

B・少々席を外しますが、すぐに戻ります

自分が席を外す際の席に「お」をつけたりはしません。また、「〜させていただく」を多用すると非常に聞きづらく、回りくどい印象になります。進行の妨げにならないよう、周囲に軽く断りを入れて静かに退室しましょう。

答え B

148

相手に着席をすすめるとき

A・どうぞ、おかけください

B・お座りになってください

「お座りください」は尊敬表現ですが、「着席してください」という命令的なニュアンスや、「お座り」という響きが犬のおすわりを想起させることを考慮して、「おかけになる」という表現を使うほうが適切です。

答え A

149

「○○さんを知っているか」と尋ねられたとき

A・はい、○○さんのこと存じています

B・はい、○○さんのこと存じ上げています

「思う、知っている」の謙譲語「存じる」は、人に対して使うときには「存じ上げる」、場所やモノに対してのときには「存じる」と使い分けます。「○○さんを存じ上げています」「○○の件につきましては存じています」などです。

答え B

150

参加者から反論を受けたとき

A・おっしゃることはごもっともです、しかし……

B・そのようなことはございません

「そんなことはない」と言うと、言い方が丁寧でも拒否しているような感じを持たれてしまいます。まずは「ごもっともです」と受け入れてから、自分の意見を言うようにしましょう。

答え A

151

直接、別の部署に相談してほしいと伝えるとき

A・その件につきましては、別部署にご相談ください

B・その件につきましては、別部署に直接ご相談してください

尊敬表現の「～してください」に「ご」を付けた過剰な表現ですので、Bは不正解。「別の部署にお問い合わせください」「別の部署にご確認ください」などでもOK。「ご相談いただけますか?」と疑問形にするとより丁寧です。

答え A

152

誰かの話を引き合いに出して発言するとき

A・○○さんも申しておりましたが……

B・○○さんからお話されたとおりですが……

「申す」は自分がへりくだる際につかう謙譲語ですので、間違いです。「先ほど、○○さんがおっしゃいましたように」などとも言います。

答え B

●期待・感謝・褒められたとき

153

これまでより責任のある仕事を任されたとき

A・全力を尽くします

B・全力で頑張らせていただきます

ビジネスにおいては、「頑張ります」よりも「全力を尽くします」や「全力でやらせていただきます」などが適切。「尽くす」という言葉を使うことで、相手への感謝の気持ちを表すことができます。

答え A

154

想像以上の評価をされたとき

A・全然たいしたことございません

B・恐縮です。身にあまる光栄です

褒められたときには、「たいしたことない」と否定するよりも、素直にお礼を言うほうが相手の印象がよくなるでしょう。「身にあまる」とは自分にはもったいないという謙遜を含んだ表現です。

答え B

155

人づてに上司が自分を褒めていたと聞いたとき

A・もったいないお言葉です

B・いえいえ、そんなことはないです

人前で褒められたときの定番の言葉。「そんなことはない」とすぐさま否定・謙遜するのではなく、特に目上の人から褒められたときには、「ありがとうございます。もったいないお言葉です」と相手を立てながら謙遜するのがマナーです。

答え A

156

プロジェクトが成功し、上司から感謝されたとき

A・部長のご指示があったからこそです

B・ありがとうございます。さすがは部長のご指示です

仕事で成功をおさめたときに、目上の人に対して使う言葉。「からこそ」という言葉で上司に対する感謝と敬意を表すことで、上司にも花を持たせることができます。

答え A

●来客対応をするとき

157

名前の記入をお願いするとき

A・こちらへお名前をお書きになってください

B・ここへ名前をお書きしてください

「お〜する」は自分が相手のためにすることを表す謙譲語。「お〜なる」という尊敬語を使って、「お書きになってください」が正しい言い方です。「お書きください」「ご記入ください」とも言います。

答え A

158

相手の名前を確認するとき

A・△△商事の○○様でいらっしゃいますね

B・△△商事の○○さんでございますね

「ございます」は「ある」をより丁寧にした言葉ですが、相手に対しての尊敬語にはならないため、人に対しては「ございます」は使いません。「○○様でいらっしゃいますね」「○○様ですか」とします。

答え A

159

来てもらったことへのお礼を伝えるとき

A・お呼び立ていたしまして、申し訳ございません

B・お呼び立てさせていただきまして、申し訳ございません

Bは「呼び立て」の謙譲語「お呼び立て」と「する」の謙譲語「させていただく」を連続して使う、二重敬語の間違い。「〜いたしまして」を用いて「お呼び立ていたしまして」「ご足労おかけいたしまして」とします。

答え A

160

わからないことを相手に確認してもらうとき

A・わかりかねますので、あちらでお尋ねいただけますでしょうか？

B・わかりかねますので、あちらでお伺いいただけますでしょうか？

「聞く」という意味での「伺う」は自分の行為に対して使う謙譲語。相手に聞いてもらうことをお願いするのだから「お尋ねいただけますか」となります。「お聞きになっていただけますか」も間違いではありません。

答え A

161

取引先に上司からのあいさつを伝えるとき

A・鈴木がよろしくとおっしゃっていました

B・鈴木がよろしくと申しておりました

取引先の相手を立てる表現なので、「申しておりました」とします。「おっしゃっていました」を使うと、相手ではなく、自分の上司を立てていることになってしまいます。

答え B

162

相手に好みを聞くとき

A・お茶になさいますか？　コーヒーになさいますか？

B・お茶にいたしますか？　コーヒーにいたしますか？

「いたす」は謙譲語ですので、自分の行為に対しては「いたします」を使いますが、相手に聞くときには尊敬語の「なさる」とします。「お茶にされますか」など「される」も尊敬語として使います。

答え A

163

雨の日の来客のとき

A・お足元の悪い中、お越しいただきましてありがとうございます

B・お足元の悪い中、いらっしゃっていただきありがとうございます

Bは、尊敬語の「いらっしゃる」に、「～してもらう」の謙譲語「いただく」が付いた間違い。「来ていただく」はビジネスでは、「お越しいただきまして」「ご足労いただきまして」「足をお運びいただきまして」という丁寧な言葉に言い換えます。

答え A

164

先方に後で資料を届けることを伝えるとき

A・資料は後ほど御社にお持ちいたします

B・資料は後ほど御社へ持って行かせていただきます

「行く」の謙譲語は「伺う」「参る」ですが、「持って行く」は「お～する」という謙譲語を使って「お持ちする」「お届けする」となります。「お届けいたします」のように「する」を「いたします」にするとより丁寧です。

答え A

165

来客者のことを社内の人に伝えるとき

A・○○様をご案内しました

B・○○様をお連れしました

「連れる」はお客様や目上の人には使わない言葉ですので、「ご案内する」とします。上司が部下に「○○に連れて行ってほしい」と言ったら、「お連れします」ではなく、「ご案内します」や「ご一緒します」と答えます。

答え A

166

相手に丁寧に指示を出すとき

A・あちらで書類をお受け取りください

B・あちらで書類をいただいてください

「いただく」は謙譲語になりますので、正解は尊敬語の「お受け取りになる」となります。こちらからの贈り物などを相手が受け取る場合には「お納めになってください」「お納めなさる」と言います。

答え A

167

相手に書類を持って行ってもらいたいとき

A・書類をお持ちください

B・書類をご持参ください

相手に対しては、「ご持参ください」とは本来使いませんので「お持ちください」が正解です。「持って来る」という場合には、尊敬語は「持参される」「持参なさる」となり、謙譲語は「持って参る」「持参いたす」となります。

答え A

168

社内の誰を呼べばいいか尋ねるとき

A・どちら様を呼べばいいでしょうか？

B・どの者をお呼びいたしましょうか？

来客の応対において、自社の社員に対して「どちら様」は使いません。相手に社員を呼ぶので、「～をお呼びする」「～をお呼びいたす」となります。

答え B

第3章

社外の人に対する敬語

●取引相手の会社を訪問したとき

169

名刺を受け取るとき

A・頂戴します

B・頂戴いたします

本来、「もらう」という言葉の謙譲語「頂戴する」に「いたします」という敬語を付けると二重敬語となりますので、「頂戴します」となるべくすっきりとした敬語を使いましょう。しかし、最近は「頂戴いたします」という表現もよく聞かれるようになっています。

答え

A

170

同行した上司を紹介するとき

A・我が社の山下部長でございます

B・こちらは、弊社の部長の山下でございます

役職も敬語の一種です。「部長の○○です」のように、自社の社員は呼び捨てにします。「我が社」は、ややくだけた言い方ですので、「弊社」のほうがよりビジネス的な表現となります。

答え

B

171

お茶をすすめられたとき

A・頂戴します

B・ご馳走になります

「ご馳走になります」は感謝の言葉ですが、訪問先でお茶を出してもらったときの適語ではありません。また、何かの選択をするときには、「お茶を」を使い、「お茶で」などと言わないように。「で」を使うと仕方なくというニュアンスになってしまいます。

答え **A**

172

手土産を渡すとき

A・こちら、皆様でいただいてください

B・こちら、皆様で召し上がってください

「いただく」は「食べる、飲む、もらう」の謙譲語。相手の行為に対しては使いません。「お召し上がりになる」や「お召し上がりください」は二重敬語ですが、慣習として定着しており、敬意の高い表現としてよく使われています。

答え **B**

173

受付で取り次いでもらうとき

A・本日、3時にアポイントを入れさせていただいております

B・本日、3時にお約束をいただいております

「お約束しております」という言い方でも正解。「入れさせていただいている」は回りくどい言い方なので控えましょう。「アポ」などの略語も使わないように。

答え B

174

自分の名前を伝えるとき

A・私の名前は○○とお読みします

B・私の名前は○○と読みます

相手の名前に対しては「何とお読みしますか」と尋ねますが、自分の名前に対して「お」は付けずに「○○と読みます」、もしくは「○○です」と答えます。

答え B

175

また来ることを伝えるとき

A・またの機会に伺わさせていただきます

B・またの機会に伺わせていただきます

Aは不必要な「さ」入り言葉。「伺わせていただきます」「お伺いいたします」が正しい言い方です。動詞に「〜させていただく」を付け加えることで「さ」入り言葉になりがちなので気を付けましょう。

答え B

176

相手を待たせてしまったとき

A・お待たせして申し訳ありません

B・お時間を頂戴し、申し訳ありません

「時間をつくってくれたこと」ではなく「相手を待たせたこと」について詫びます。時間をとってもらったときは、「お時間を頂戴する」でも通じますが、「頂戴する」は基本的には「物」に対して使う言葉。「お時間をいただく」としたほうがよいでしょう。

答え A

●取引相手と打ち合わせをするとき

177

配布資料を見てもらうとき

A・お渡しした資料をご覧いただけましたか？

B・お渡しした資料を拝見していただけましたか？

「拝見する」は「見る」の謙譲語ですので、動作主が相手の場合には使いません。「見る」の尊敬語「見られる」もしくは「ご覧になる」が正解です。「見ていただけましたか」でもＯＫ。

答え A

178

配慮が足りなかったとき

A・配慮がなっておらず、申し訳ございません

B・配慮が行き届かず、失礼いたしました

お客様に対しては「配慮がなっていない」ではなく「配慮が行き届かず」のほうが適語です。謝罪の言葉は、「失礼いたしました」と「申し訳ございません」のどちらでもＯＫです。

答え B

179

要求を断るとき

A・残念ながら、お引き受けいたしかねます

B・残念ですが、ご遠慮させていただければと思います

頼まれたことに対して「遠慮する」というマイナスな言い回しはNG。また「できない」という直接的な言葉ではなく、婉曲かつ丁寧に断るのがスマート。「残念ながら」という前置きをして、相手を不快にさせない言い方を覚えておきましょう。

答え A

180

内容を確認するとき

A・ご理解いただけましたでしょうか？

B・ご不明な点はありませんでしたか？

お客様や目上の人に「わかりましたか」「ご理解いただけましたか」など、相手の理解力を問うような表現は使いません。「ご不明な点はございませんか」「ご質問はありませんか」と、自分の説明の良否を尋ねる表現にすることで、相手を立てながら確認できます。

答え B

181

自社の部長に話してもらうとき

A・部長からお話しさせていただきましょう

B・部長からお話しします

「話す」の謙譲語は、「お話しする」「お話しいたす」「話させていただく」です。Aは「お話しする」+「させていただく」の過剰な表現にあたるのでNG。言い換えるなら「お話をさせていただく」とするのが妥当でしょう。

答え B

182

相手から再度説明を求められたとき

A・先ほど申し述べたとおりですが……

B・先ほどご説明したとおりですが……

「ご説明する」よりも「申し述べる」を使うほうが婉曲表現となります。このように前置きしたうえで、再度説明しましょう。

答え A

183

相手に強く願う気持ちを伝えるとき

A・どうか、お願いいたします

B・なにとぞ、お願いいたします

「なにとぞ」は、「なんとか」「どうか」「どうぞ」「ぜひ」の改まった言い方。「なにとぞ」には、強い願望と、非常に改まった印象が含まれている表現です。

答え **B**

184

相手の名前の記憶がないとき

A・お名前を失念いたしまして、申し訳ありません

B・お名前を忘れてしまいまして、申し訳ありません

「失念」はうっかり忘れること。「忘れてしまいまして」よりも、「失念する」という言葉を使ったほうが丁寧になります。

答え **A**

185

納期を早めてもらいたいとき

A・弊社の事情で恐縮ですが、早めにいただけませんでしょうか？

B・弊社の事情で恐縮ですが、お願いいたします

「お願いいたします」という言い方は丁寧ですが、命令形になります。「こちらの都合で恐縮ですが」とへりくだった表現で、「〜していただけませんでしょうか」という丁重な疑問形で依頼します。

答え A

186

上司の意見を取引相手に伝えるとき

A・そのように弊社の部長がおっしゃいました

B・そのように弊社の部長が申しておりました

社外の人に対して、身内を高めてしまう尊敬語「おっしゃいました」を使っているのが間違い。相手に対する謙譲語である「申しておりました」を使います。

答え B

187

相手の状況をふまえて提案をするとき

A・貴社の状況ですと、こちらが結構ではないかと存じます

B・御社のご状況では、こちらがよろしいのではないかと存じます

「貴社」は書き言葉なので、話すときには「御社」となります。また、「結構ではないかと～」は例題の場合には不適切で、かつ上から目線のような印象を与えかねませんのでNGです。

答え **B**

188

自社製品の紹介をするとき

A・新製品の提案をさせていただきます

B・新製品のご提案をします

「～します」も間違いではありませんが、この場合には「～させていただきます」「ご提案いたします」がよりよいでしょう。さらに丁寧に表現するなら「ご提案申し上げます」となります。

答え **A**

189

お客様に対して自社の評価が高いと言いたいとき

A・当社は高評価を頂戴しております

B・当社は高い評価をいただいております

「もらう」の謙譲語「頂戴する」は名刺などの物をもらうときに使います。よってここでは、Bの「いただく」が正解です。

答え B

190

実現が難しい依頼を断るとき

A・誠に残念ですが、今回はお見送りいたします

B・誠に残念ですが、今回は見送らせてください

ビジネスの場では、断るフレーズとして「見送る」という言葉を使います。「お」や「いたす」など過剰な表現は追加せず、「見送らせてください」とシンプルに使いましょう。

答え B

191

要求に即答できないとき

A・私の一存では判断いたしかねますので、持ち帰らせていただきます

B・私の一存では判断できませんので、持ち帰らせてください

「できません」と言うよりも「いたしかねます」や「私の一存では決めかねます」などと伝えるのがベター。その場で返答できない場合は、「○日ほどお時間をいただけますか」「改めて○日までにご連絡させていただきます」など具体的な日時を相手に伝えます。

答え A

192

話がまとまったとき

A・ご不明な点がございましたら、お伺いくださいませ

B・ご不明な点がございましたら、ご連絡ください

「伺う」は聞くの謙譲語ですので、相手の行為に対して使うのは間違い。「ご連絡ください」の言い換えとして、「ご相談ください」としてもOKです。

答え B

193

相手の意見を聞きたいとき

A・ご意見はございますか？

B・ご意見をお聞かせいただけますか？

この場面では「ご意見を拝聴できればと思います」や「ご意見をお伺いしてもよろしいでしょうか」という言い方もあります。社外の人に対しては、「ご意見はありますか」はカジュアルすぎる言い回しです。

答え **B**

194

相手に具体的な用件について確認したいとき

A・○○の件、ご確認させていただいてもよろしいでしょうか？

B・○○の件、いかがいたしましょう？

Aはとても回りくどくややこしい言い方。間違いではありませんが、避けたほうがよいでしょう。Aの言い方をするなら、「○○の件、確認させていただけますか」とシンプルにすればOKです。

答え **B**

195

打ち合わせを切り上げたいとき

A・申し訳ありませんが、次の約束をさせていただいておりまして……

B・申し訳ありませんが、次の約束がございまして……

次の約束があり、第三者がいることを伝えることで、角の立たない断り方となります。「貴重なお時間をいただきありがとうございました」と締めのあいさつをして終了の雰囲気をつくるのも一手。自分の行為に対して「させていただいておりまして」は誤りです。

答え B

196

プレゼンをして相手の意見を求めたいとき

A・皆様のご意見をお伺いできたらと存じます

B・皆様のご意見をご拝聴いたします

「ご意見をお伺いさせてください」、「伺わせてください」、「お聞かせください」でも正解。「拝聴」がすでに謙譲語なので「ご」と「いたす」を付ける必要はありません。相手から「意見」ではなく、「話」を聞くときには、「拝聴します」が正しいです。

答え A

197

今後の進行をまとめるとき

A・○○という方向で進行いたしますがよろしいでしょうか？

B・○○させていただくという形で進行させていただきます

「させていただく形」というのは遠回りな表現。「○○という方向で、○○という趣旨で」などとシンプルに。Bはさらに、させていただくが2回入っているのでとてもくどいです。敬語のつけすぎに注意しましょう。

答え A

198

資料不足をお詫びするとき

A・資料が不足しておりまして、申し訳ございません

B・こちらのミスで資料が不足しており、申し訳ありません

用意したものに不備があったときには、「社に戻り次第、お送りいたします」と対処を。「申し訳ありません」ではなく「申し訳ございません」のほうが印象もよいでしょう。間違いは「ミス」と言わずに、「不手際」や「手違い」と言い換えて。

答え A

199

協力をお願いするとき

A・私たちのお力になってください

B・私たちにお力を貸してください

Aは自分たちの「力」に「お」をつけてを持ち上げてしまっている表現です。「〇〇さんをお乗せになりましたお車、もうすぐお着きになります」も「お車」が主人公で敬語で語られたことになります。何を持ち上げるのか間違えないように。

答え B

200

自社と比較して相手の会社を立てるとき

A・私どもと比べて御社の業績は～

B・弊社と比べて貴社の業績は～

自分の会社や店などをへりくだる言葉には「私ども」「弊社」などがあります。「手前ども」でもOK。また、相手の会社やお店を敬うときは「御社」と「貴社」を使います。話し言葉では「御社」、メールや手紙の中では「貴社」と使い分けましょう。

答え A

●接待や会食での敬語

201

タクシーが到着した旨を伝えるとき

A・お待たせしました、タクシーが到着いたしました

B・お待たせしました、タクシーが到着なさいました

タクシーなどのモノに対して敬語は使いません。相手を敬おうとしてついつい敬語を使いがちですが、敬語がどの言葉にかかっているのか（主語が何か）を意識するのがポイントです。

答え A

202

会食で飲み物をすすめるとき

A・何かお飲みになられますか？

B・お注ぎいたします

Aは「お」に「なられる」とやや過剰な言い回し。「何かお飲みになりますか」とスッキリさせた表現にします。相手がすでに何かを飲んでいるときには、同じものを「お注ぎします」とお酌をしたほうが自然と会話ができます。

答え B

203

これ以上食べることができないとき

A・もう結構でございます

B・もう十分いただきました

「もう結構です」という言い方はぞんざいな感じに受け取られてしまうことも。「もう食べられません」「お腹が一杯です」とダイレクトな表現よりも「十分いただきました」と伝えるほうが品があります。

答え B

204

相手の持ち物を褒めるとき

A・社長の靴は素敵でいらっしゃいますね

B・社長の靴は素敵ですね

モノへの敬語はNG。相手の家や庭などを褒める場合は、「庭の花がきれいに咲いていますね」でOK。「きれいに咲かせていらっしゃいますね」と相手の「行為」に対してなら敬語を使っても問題ありません。

答え B

205

目上の人にお礼を言うとき

A・貴重なお話を聞かせていただき、ありがとうございました

B・ご参考になるお話をありがとうございました

参考にするのはこちら側ですから、自分の行為に「ご」を付けるのはNG。相手が話してくれたことについてのフレーズとしても間違いです。「ご参考になさってください」など、こちらが説明をした相手に対しては「ご」を付けます。

答え A

206

食事をおごってもらったとき

A・ご馳走さまでございました

B・ご馳走さまでした

「馳走」は食事を提供する主人が客のために食材を手に入れようと走り回ること。なので、「私のためにお手数をおかけしまして」という意味で使う場合、「ご馳走さまでございました」は「ご馳走さま」と「ございました」の二重敬語になってしまいます。

答え B

207

食事が終わって先に席を立つとき

A・いただき立ちで申し訳ありません

B・今度またゆっくりご馳走になります

招かれた食事が終わってすぐ、何かの用事で席を立たなければならないときの断り方。またその際には、「仕事が入って……」など余計なことは言わないのが礼儀。「いただき立ちで申し訳ありません」がすっきりしている表現です。

答え A

208

接待相手に何を飲むか聞くとき

A・お飲み物はいかがいたしましょうか？

B・お飲み物はいかがなさいますか？

相手が飲み物を選ぶのだから、謙譲語の「いたす」ではなく、尊敬語の「なさる」とします。ただし、こちら側が相手のためにどうしたらいいかを尋ねる場合、たとえば店員が「本日のコースはいかがいたしましょうか」と尋ねるのは正しい表現です。

答え B

第4章

覚えておきたい電話・メール・手紙の敬語

●電話を受けるとき

209

電話をとったとき

A・はい、株式会社○○でございます

B・もしもし、株式会社○○です

先方が正しい電話先にかけているのがわかるように、まず「はい」と返事をし、しっかりと社名を名乗って電話を受けます。見られていないからといってだらしない姿勢はNG。態度は声に表れます。

答え A

210

相手が名乗ったとき

A・お世話様です

B・お世話になっております

「お世話様」は自分に力を尽くしてくれた人に感謝の気持ちを表す言葉。何らかのサービスを受けたときに使われますが、敬意は軽いため、目上の人やお客様に使うのは失礼にあたります。

答え B

211

取り次ぐ相手が電話中だったとき

A・あいにく○○は別の電話に出ておりまして……

B・あいにく○○は別のお電話にお話ししておりまして……

身内に敬語を使うのはNGです。その後の対応で、電話が終わるのを待つと先方が言ってもなかなか終わらないときには、「電話が長引いております、いかがいたしましょう」と途中経過を伝えることを忘れずに。

答え A

212

取り次ぐ相手が席を外しているとき

A・折り返しおかけ直しいたしましょうか？

B・折り返させていただいてもよろしいでしょうか？

「させていただいてもよろしいでしょうか」は回りくどい表現。電話ですので、なおさらスッキリとした敬語を使いたいものです。「○○はただいま席を外しております」と前置きしたうえで「折り返しこちらからおかけ直しいたします」とします。

答え A

213

取り次ぐ相手が休んでいるとき

A・本日はお休みをいただいております。何のご用でしたか？

B・本日は休みをいただいております。どのようなご用件でございますか？

「何のご用でしたか」はぞんざいな対応。「どのようなご用件ですか」と丁寧に対応します。いつ出社するのかという予定と「こちらからご連絡いたします」の言葉を付け加えると親切です。用件を聞いて、急ぎの場合には代理で対応できる人につなぐのも重要です。

答え B

214

クレームの電話を受けたとき

A・ご指摘いただき、誠にありがとうございました

B・わざわざお電話いただき申し訳ございませんでした

完全なるこちらのミスであれば「貴重なご意見をありがとうございます」「今後はこのようなことがないようにいたします」などと使い分けましょう。場合によっては謝ることで責任を負うことにもなりますので、上司に判断を仰ぐことも大切です。

答え A

215

他の社員の携帯番号を聞かれたとき

A・○○に確認をとりまして、こちらからご連絡させていただきます

B・個人情報ですので申し訳ございません

会社から支給されている携帯電話なら伝えてよい場合もありますが、「こちらから連絡を取りまして、○○から至急折り返しご連絡いたします」と対応したほうがベター。もしすぐに名指し人と連絡が取れないなら、その旨と連絡が遅れることを先方に伝えます。

答え A

216

取り次ぐ相手がすでに帰宅しているとき

A・申し訳ございません。本日は退社いたしました

B・本日は失礼させていただいております

「〜させていただく」は相手からの許可や恩恵を含んでいるので、この場合に「失礼させていただく」は、不適切。「本日は退社いたしました」と伝え、明日の出社時間や、急ぎの場合には連絡を取り折り返すことも可能なことを伝えます。

答え A

217

取り次ぐ相手が社内にいるのかと聞かれたとき

A・部長は社内にいらっしゃいます

B・部長の○○は社内におります

電話で話すときも、通常の会話と同様に社内の人（身内）に対して敬語は使いません。部長ではなく、電話をかけてきた相手を高めなければならないので、「いる」の謙譲語の「おります」を使います。

答え B

218

担当者に伝える旨を言うとき

A・かしこまりました、そのように申し伝えます

B・かしこまりました、そのようにお伝えしておきます

「お伝えする」は尊敬語ですので、身内の人に使うのはＮＧ。「申し伝えます」とします。「お伺いしたことを、担当の者に伝えます」「ご用件を承りました」などでもＯＫ。

答え A

219

取り次ぐ相手が異動・退職しているとき

A・○○は現在、こちらの部署にはおりませんが……

B・○○はこちらの部署にはいらっしゃいませんが……

「内」と「外」の取り違え敬語。この例では謙譲語の「おります」を使います。退職しているときはその旨を伝え、どこまで相手に伝えるかは、担当者と相手の会社との関係もありますので、あらかじめ上司などに確認しておくとよいでしょう。

答え **A**

220

相手が名乗らないとき

A・失礼ですが、お名前をお聞かせ願えますでしょうか？

B・すみません、どちら様でしょうか？

「お名前を伺えますでしょうか」「お聞かせいただけますか」でも正解。名前しか名乗らない場合には「どちらの○○様でいらっしゃいますか」と社名や肩書きを確認します。

答え **A**

221

相手の名前を聞き取れなかったとき

A・申し訳ありませんが、もう一度お願いいたします

B・もう一度頂戴してもよろしいでしょうか？

「頂戴する」は「受け取る」の謙譲語なので名前を尋ねる際には使いません。「もう一度、お聞かせいただけませんか」などと丁重にお願いします。どうしても聞き取れないときには、「どのような字をお書きになりますか」と聞く方法も。

答え A

222

担当者の代わりに用件を聞くとき

A・差し支えなければ、ご用件を承ります

B・差し支えなければ、ご用件を承らせていただきます

「承らせていただきます」は「承る」「いただく」と謙譲語が続くので、くどい感じがします。シンプルに「承ります」とします。「よろしければ、代わりにご用件を伺いますが」「お急ぎでしたら」などの言葉で切り出すとより丁寧です。

答え A

223

最後に自分の名前を名乗るとき

A・わたくし、山田が承りました

B・わたくし、山田が確かに伝言をお伝えしておきます

「お伝えする」は身内に対して伝えることに敬語を使っているように聞こえることもありますので、「承りました」とします。担当の代わりに用件を聞いたあとには「私、山田がそのように申し伝えます」と伝えます。

答え A

224

誰に取り次げばいいかを聞くとき

A・誰につなげばよろしいでしょうか?

B・どの者におつなぎいたしましょうか?

「誰につなげば」はビジネス敬語としてNGです。「どの者におつなぎしますか」と尋ねましょう。また、部署内に同じ名字の人がいる場合には、「○○は二人おりますが、どちらでございますか」など。

答え B

●電話をかけるとき

225

電話をかけるとき

A・株式会社△△の○○と申します

B・こんにちは、○○です

電話をかけた相手が仕事で親しくしている人だと、ついつい名乗るのを忘れて用件を話し始めてしまうことも……。どんな状況でも最初は正式な会社名と自分の名前を名乗るのが基本です。

答え A

226

取り次いでもらいたい相手を伝えるとき

A・営業部の○○様はおられますでしょうか？

B・営業部の○○様はいらっしゃいますでしょうか？

「おる」は「いる」の謙譲語ですので、相手に対しては尊敬語の「いらっしゃる」を使います。「いらっしゃいますか」よりも「いらっしゃいますでしょうか」のほうがより丁寧な表現になります。

答え B

227

面識がない人に電話をかけるとき

A・○○さんにお聞きになってお電話しました

B・○○さんの紹介でお電話させていただきました

面識のない人に対しては、「はじめてお電話いたします。～と申します」と名乗ってから紹介された旨を伝えると相手も安心します。「○○さんにお聞きになって」は相手の前で自分に敬語を使っていることになりますので、「○○さんの紹介で」とします。

答え B

228

相手が不在のため後でかけ直すとき

A・こちらからおかけ直しさせていただきます

B・それでは後ほど、こちらからお電話いたします

Aは、「おかけ直しする」＋「させていただく」と敬語が過剰になっています。「こちらから、おかけ直しいたします」としましょう。声だけのやりとりですから、「あとで」や「かけ直す」ではなく「後ほど」「おかけ直しする」など、より丁寧な言い方を心がけます。

答え B

229

打ち合わせなどで相手が席を外しているとき

A・何時頃お戻りになられますでしょうか？

B・何時頃、お電話を差し上げればよろしいでしょうか？

Aの場合は、「お戻りになりますでしょうか」が正しい言い方。自分からかけ直すのが基本ですが、やむなく折り返しを頼むときには、「恐れ入りますが」という姿勢で。「〇〇の件で」と付け加えると用件がわかるので親切です。

答え B

230

本題に入る前置きをするとき

A・今お時間頂戴できますでしょうか？

B・今お時間よろしいでしょうか？

「頂戴」という表現ではなく、「お時間をいただけますか」を使いましょう。携帯電話にかける際も、「〇〇の件ですが～」とすぐに本題に入るのではなく、「今、お電話よろしいでしょうか」「今、お話ししてもよろしいでしょうか」のひと言を。

答え B

231

メールが相手に届いているかを確認するとき

A・メールを送らさせていただいたのですが……

B・メールをお送りしましたが、届いておりますでしょうか?

「送らさせていただく」は、不必要な「さ」入り言葉。「送らせていただきました」となります。送ったFAXの確認の際にも、対応は同じです。確認してほしいを伝言するときには「メールをご確認くださるよう、お伝えいただけますでしょうか」となります。

答え B

232

電話でメールの返信を催促するとき

A・こちらの受信エラーかもしれないのですが……

B・メールのご返信をいただいていないようですが……

メールの返信がないときに電話で催促するときの言い方。「お返事まだですか」というスタンスではなく、「こちらのエラーかもしれないのですが……」とあくまで自分を悪者にすると角が立ちません。

答え A

233

伝言をお願いしたいとき

A・伝言をお伝えいただけますでしょうか？

B・ご伝言をお伝えになっていただけますでしょうか？

「お伝えになる」＋「～していただく」というくどい敬語表現は避けます。伝言は対応してくれた人の時間をとってしまうものですから、「お忙しい中を恐れ入りますが」「ご面倒をおかけしますが」といったお願いのフレーズで。

答え **A**

234

取引先に出向くことを申し出るとき

A・私が御社に伺わせていただきます

B・私が御社に伺います

Aは「伺う」と「いただく」で二重敬語となります。自ら申し出るときには「私がそちらに参ります」。相手の許可をもらうときには、「御社に伺ってもよろしいでしょうか」と尋ねます。

答え **B**

235

自社に訪問してもらえるかを尋ねるとき

A・弊社にお越しいただけますでしょうか？

B・弊社までお越しになられますでしょうか？

ほかに適切な表現としては、「ご足労いただいてもよろしいでしょうか」「弊社にお越しいただいてもよろしいでしょうか」などがあります。クッション言葉である「大変申し訳ありませんが」「恐縮ですが」なども付け加えます。

答え A

236

相手を立てつつも催促したいとき

A・なるはやでいただけますとうれしいです

B・いつ頃になるかお知らせいただけましたら幸いです

「なるはや」などの略語は使わないほうがベター。「お知らせいただけましたら助かります」「〜までにお返事をいただけますと幸いです」など返事をもらえると嬉しいことを伝えつつ、催促します。「〇日まで」と期限を入れると、返信を急いでくれることも。

答え B

237

相手の話がよくわからないとき

A・と、おっしゃいますと

B・と、申されますと

「申す」は自分がへりくだる「言う」の謙譲語。この場合、話しているのは相手なので尊敬語の「おっしゃる」を使うのが正解です。再度確認したいときには、「念のためにお尋ねしたいのですが」と切り出しましょう。

答え A

238

アルファベットを確認するとき

A・メールアドレスの始めのBはBookのBでよろしいでしょうか？

B・メールアドレスの始めはBとV、どちらでしょうか？

アルファベットを確認するときには、相手の年齢や趣向、職業に応じていろいろと使い分けるのが適切とされています。Bなら、「Brazil」「Banana」など。言葉のみのコミュニケーションなので誤解のない言い回しを心がけます。

答え A

239

携帯電話にかけるとき

A・○○様のお電話でよろしかったでしょうか？

B・○○様のお電話でしょうか？

「よろしかったでしょうか」はいわゆるバイト敬語です。「○○様の携帯電話で間違いないでしょうか」「○○様でいらっしゃいますか」など。知らない番号からの着信は不安を与えるので、「△△様の紹介でご連絡いたしました」など事情も説明すると親切です。

答え B

240

相手の戻り時間を知りたいとき

A・何時ごろお戻りになりますでしょうか？

B・何時ごろお戻りになられますでしょうか？

「お戻りになられる」は「お戻りになる」＋「られる」と敬語が重複している間違った二重敬語です。「いつごろお戻りになりますか」「いつごろお帰りになるでしょうか」などの言い方もあります。

答え A

241

打ち合わせのアポイントを取るとき

A・ご都合のよい日を教えていただけますでしょうか？

B・いつでしたら可能になりますでしょうか？

「～の件で打ち合わせをお願いしたいのですが」と前置きをして「○○様のご希望日を教えていただけますでしょうか」と聞きます。「今月ですといつ頃がご都合よろしいですか」など具体的な期間を設けて尋ねる聞き方もなおよいでしょう。

答え A

242

夜遅くに電話をかけるとき

A・夜分遅くに申し訳ございません

B・夜分恐れ入ります

夜分には、「夜中」の意味もあるので、「夜分恐れ入ります」がスマートです。「夜分に失礼します」、「夜分に申し訳ございません」も正しい表現。ただ、「夜分遅く」という表現も今では広く使われています。

答え B

243

折り返し電話がほしいことを伝えるとき

A・戻られましたら、折り返しお電話いただけますでしょうか

B・戻られたおりに、折り返しお電話していただけますでしょうか

「戻られたおり」は語源的には間違いないですが、あまり使われなくなってきていることから、「戻られましたら」「お戻りになりましたら」としたほうがよいでしょう。

答え A

244

電話の声が聞き取りづらいとき

A・すみません、お電話が聞こえづらいのですが……

B・申し訳ございません。お電話が遠いようなのですが……

電話で相手の声が聞き取りにくい際には、電話機のせいにすると角が立ちません。「電波が弱いようで……」などと述べ、相手に再度、確認するようにします。「すみません」はビジネス敬語ではありません。

答え B

245 メールでのあいさつ文の書き方

宛先：○○株式会社　山田様
件名：打ち合わせの件

山田様

＿＿＿？？？＿＿＿。
○○の件について、打ち合わせをお願いできたらと考えております。
ご都合はいかがでしょうか。

A・お世話になっております
B・こんにちは

答え　A

「こんにちは」という言葉はビジネスメールでは使いません。「お世話になっております」が定番の書き出しとなります。またメールでは季節のあいさつ文などは省き、すぐに本題に入ります。親しい間柄でしたら、メールの最後に「季節の変わり目、ご自愛ください」などを付け加えてもよいでしょう。

246 何かを送付したと伝えたいとき

宛先：株式会社〇〇　田中様
件名：Re: 先日の打ち合わせの資料

田中様

お世話になっております。
先日の打ち合わせの資料を＿＿＿？？？＿＿＿。
ご確認のほどお願いいたします。

A・お送りさせていただきます
B・お送りします

答え **B**

「させていただく」は誰かの許可を得て行うことや、そのことで自分に恩恵がある場合には使っても問題ありませんが、通常は「お送りします」「お送りいたします」で十分です。こちらの都合による申し訳なさや感謝を表す際には「〜を送らせていただきました」としても不自然ではありません。

247 メールでの宛名の書き方

宛先：鈴木様
件名：ご契約の御礼【株式会社△×　西川太郎】

???

いつも大変お世話になっております。
このたびは弊社とご契約いただき、誠にありがとうございます。
今後ともご愛顧のほどよろしくお願い申し上げます。

A・(株) ○○　　鈴木様
B・株式会社○○　営業部課長　鈴木二郎様

答え **B**

株式会社を略していけないのは、手紙でもメールでも同じです。フォーマル感を出したいときには、フルネームで肩書を付けて送ります。相手の名字には「様」を付けるのが一般的。「様」をひらがなにした「さま」は親しみを込めた呼びかけとしてビジネスメールでも使われていますが、初めての相手やフォーマルな場合には使いません。

248 メールを終わらせたいとき

宛先：△〇株式会社　坂本様
件名：Re：納品完了のご連絡

坂本様

お世話になっております。
納品完了とのこと、承知いたしました。
＿＿＿？？？＿＿＿。

A・この度はありがとうございました
B・今後ともよろしくお願いいたします

答え　B

メールでのやりとりの終わりは依頼した側のメールで終わらせるのが基本ですが、やりとりの終わりには合図となるような終わり文句を書くとスムーズです。「またよろしくお願いいたします」「また詳細が決まりましたら、ご連絡いたします」などは相手が返信しなくても終わりを告げる言葉となります。

249 メールを読んでもらえたか確認したいとき

宛先：株式会社●●　和田様
件名：【至急】△△についてのご確認

和田様

お世話になっております。
△△の件について、先日メールをお送りしました。
＿＿＿？？？＿＿＿。
お手数ですが、ご確認のほどよろしくお願い致します。

A・内容をご覧いただけましたか
B・メールを拝見していただけましたか

答え **A**

「拝見する」は「見る」の謙譲語ですので相手の行為には使いません。尊敬語である「ご覧になる」とします。また、設問の前の一文で「メールを」と書いてあるので、「内容」と言い換えることで、くどい表現を避けることができます。

250 メールを一斉送信するときの宛名

宛先：○×株式会社　今田様；柳川様；内宮様　…
件名：Re:Re: 打ち合わせの件

？？？

お世話になっております。
次回打ち合わせ予定の内容について、事前に情報をまとめましたので送付いたします。打ち合わせまでにお目通しいただけると幸いです。

A・ご担当者様各位
B・ご担当者各位

答え B

「各位」は敬称の一種なので「様」と一緒に使うのは間違いです。「お客様各位」も本来は間違いですが、現在は多用されています。「各位」だけでも「皆様」の意味合いです。

251 お礼を伝えるとき

宛先：○○社　大島様
件名：資料送付の件

大島様

いつもお世話になります。
先日は資料をお送りいただきましてありがとうございました。とても参考となり、プロジェクトも進んでおります。＿＿＿？？？＿＿＿。

A・まずは、お礼申し上げます
B・取り急ぎ、お礼申し上げます

答え A

「取り急ぎ」は「本来の手続きを略して要件のみ伝えます」という意味合いが含まれているため、目上の人やお客様にお礼を伝えるときには失礼になります。

252 「相手の会社」と書くとき

宛先：株式会社×●　高橋様
件名：打ち合わせについて

高橋様

お世話になっております。
次回の打ち合わせについて、＿＿＿？？？＿＿＿日程のことでご連絡いたします。
来週あたりのご都合はいかがでしょうか。

A・御社にお伺いする
B・貴社にお伺いする

答え **B**

一般的に話し言葉では「御社」、書き言葉では「貴社」となっておりますので、メールでは「貴社」と書くようにします。銀行では「御行、貴行」「弊行」、学校であれば「御校、貴校」「弊校」などです。

253 「返事がほしい」と伝えたいとき

宛先：〇〇株式会社　大場様
件名：Re; 先日の商談について

大場様

お世話になっております。
〇月×日の商談について、その後いかがでしょうか。
＿＿＿？？？＿＿＿。

A・お返事くださいませ
B・お返事をいただきたくお願い申し上げます

答え **B**

「～ください」は丁寧な言い方ですが命令の形です。「お返事をお願いできますか」「お返事をいただけましたら助かります」など、疑問形やへりくだってお願いする表現が◎。「お返事いただければ幸いです」はやや遠慮しすぎな感じがあります。「よろしければ～」「いただければ～」の「れば」を多用しないようにも気を付けます。

254 社内メールを送るとき

宛先：株式会社△◆　小林さん；高木さん
件名：○月×日の臨時会議について

小林さん、高木さん

お疲れ様です。
○月×日の臨時会議には＿＿？？？＿＿。資料の１部追加をお願いします。

A・社長も出席いたします
B・社長も出席されます

答え **B**

社内向けのメールで社長に「いたします」という謙譲表現をつけるのは間違い。社長に失礼にあたります。敬語表現の「出席されます」か通常表現の「出席します」でもよいでしょう。

255 わかった旨を伝えるとき

宛先：株式会社ＸＸ　山岡様
件名：Re; 待ち合わせ場所と日時に関して

山岡様

お世話になっております。
＿＿＿？？？＿＿＿。当日はなにとぞよろしくお願いいたします。

A・待ち合わせの件、了承いたしました
B・待ち合わせの件、承知いたしました

答え **B**

「了承」は受け入れて承知するという意味ですが、この場合、やや上から目線な感じがしますので、「わかりました」のかしこまった表現である「承知いたしました」を使います。「了解しました」はビジネスメールでは失礼という認識が高まっているため、避けたほうがよいでしょう。

256 何かを送ってもらうよう要請するとき

宛先：△△株式会社　田口様
件名：プロフィール写真について

田口様

お世話になっております。
先日お伝えしたとおり、著者紹介に使用したいので＿＿？？？＿＿。お手数ですがよろしくお願いいたします。

A・プロフィール写真をご提出ください
B・プロフィール写真をお送りください

答え **B**

「提出」は出す義務のある書類について使うのが一般的ですので、相手にお願いして送ってもらうものには、失礼となります。

257 自社で打ち合わせをお願いするとき

宛先：△×株式会社　大山様
件名：打ち合わせの件

大山様

お世話になっております。
〇〇の件の打ち合わせですが、＿＿＿？？？＿＿＿。
ご足労をおかけいたしますがよろしくお願い申し上げます。

A・弊社にて打ち合わせをお願いいたします
B・わが社で打ち合わせをお願いいたします

答え **A**

「わが社」は代表する立場に立った人が自社のことを言うときに使うニュアンスのある言葉ですので、お客様に対しては「弊社」とへりくだった言葉を使います。フラットな立場では「当社」も使います。

258 日程を確認するとき

宛先：株式会社×△　高山様
件名：〇〇の件についてお願い

高山様

お世話になっております。
〇〇についての打ち合わせは、△月×日でいかがでしょうか？ ＿＿＿？？？＿＿＿。

A・ご都合がよろしければ、その日程でお願いいたします

B・ご予定が空いておりましたら、その日程でお願いいたします

答え A

相手に対して「空いていたら」という言葉は失礼となります。「ご都合いかがですか」というスタンスで尋ねましょう。何かの役職や講演などをお願いするときには、「お願いいたします」よりも「ご依頼申し上げます」のほうが改まった言い方となります。

259 原稿を確認してもらいたいとき

宛先：○○出版　菊池様
件名：△△原稿２章分

菊池様

お世話になっております。
△△の原稿を２章分お送りいたします。
＿＿＿？？？＿＿＿。

A・お目通しいただければと存じます
B・ご確認願います

答え **A**

長い文章を読んで確認してもらうときには「目通し」という最初から最後までひと通り見るという言葉が使われます。説明書は「お読みください」、自分の本を読んでもらいたいときには「拙著をご高覧ください」、見積書は「ご確認ください」、ホームページは「ご覧ください」、間違いの確認は「お確かめください」など、ものによって使い分けます。

260 仕事の関連イベントに誘うとき

宛先：大谷さん
件名：来週のイベント

大谷さん

お世話になります。
来週、△△で行われるイベントですが、仕事の参考になりそうな講演があるようです。
よろしければ＿＿＿？？？＿＿＿。

A・一度、おいでになりませんか
B・一度、参られませんか

答え **A**

「参る」は謙譲語ですので、相手の行為に対しては使いません。「来てください」の尊敬表現としては「おいでください」「お越しください」「お運びください」「ご出席ください」「ご参加ください」「ご来場ください」などがあります。「ご多忙の折とは存じますが、ぜひともご参加ください」など。

261 異動になることを連絡するとき

宛先：●×株式会社
件名：人事異動につきまして

関係者各位

いつもお世話になっております。

この度、人事異動により＿？？＿は、4月1日付けで、仙台支店に配属されることになりました。本社第一営業部に在任中は、格別のご厚情を賜り、お礼申し上げます。

仙台にお越しになる際には、ご一報いただけましたら幸いです。

A・小職
B・私

答え **A**

自分のことをへりくだって言う「小職」という言葉があるのを覚えておきましょう。ほかにも、「小生」「小誌」「小社」「小店」など自分や自分の組織をへりくだる呼称があります。ただ「小職」はある程度、役職がある人が自分のことを控えめに言う言葉。使う相手と自分の立場によっては気を付けなくてはなりません。

262 上司の決算待ちであると伝えるとき

宛先：○◎エージェント　佐々木様
件名：制作費の件について

佐々木様

お世話になっております。
サイトの制作費の件について、ぜひ貴社にお願いしたいと考えております。
前回ご相談させていただいた予算の件ですが、
＿＿＿？？？＿＿＿。

A・上司の決算をいただいてから、お返事いたします

B・上司の決算がおり次第、お返事いたします

答え **B**

Aは身内の上司を高めているためNG。会話だけでなく、メールにおいても、身内に敬語を使っていないか送信前に気を付けます。またこの場合、手紙と一緒で、「上司」や「私」などの言葉は、文の最初にこないようにするとよりよいでしょう。

●手紙で用いる敬語

263

「拝啓」の結語は？

A・敬具
B・不一

「不二」は前文省略のときに使う結語。「拝啓」「拝呈」「啓上」という頭語の結語は「敬具」「拝具」となります。「再啓」も「敬具」とセットにします。女性は「つつしみ、うやまう」という意味から「かしこ」と、また筆に自信のある人は「可祝」と書いても素敵です。

答え A

264

初めての相手に手紙を出すとき、「拝啓」の結語は？

A・謹白
B・拝具

初めての相手に手紙を出すときの「拝啓」に対応する結語は、「敬具」「謹言」「頓首（とんしゅ）」「敬白」「かしこ」など。この場合の頭語は、ほかに「拝呈」「初めてお手紙差し上げます」なども使えます。「謹白」は丁寧な手紙や返信に使われ、頭語でも用いられます。

答え B

265

「草々」の頭語は？

A・謹呈

B・前略

「草」には「そまつ」の意味があり「草々」は「急いで書いたので十分に意を尽くしておりません」という意味となります。前略は時候のあいさつを省略するのだから、「前略にてご免ください」と書くのが礼を重んじた表現となります。

答え B

266

手紙の返事で用いる「敬具」の頭語は？

A・急啓

B・拝復

「拝復」は「つつしんで返事をする」を意味します。返信の際は、頭語は「拝復　お手紙ありがとうございました」、結語は「敬具」か、女性の場合は「かしこ」となります。

答え B

267

感謝の手紙を書くとき

A・○○の折にはお世話になりました。ありがとうございます

B・ひとかたならぬお世話になり、ありがとうございます

答え **B**

感謝になったときのお礼の言葉ですが、「ひとかたならぬお世話に……」はより礼儀正しい挨拶になります。

268

日頃のお礼を伝えるとき

A・日ごろは何かとお心にかけていただき、ありがとうございます

B・いつもお世話になっております

答え **A**

より深い敬意を表したいときに「お心におかけいただき」という言葉を使うと、和の雰囲気の増す言葉となります。仕事関係の手紙なら「日ごろは何かとお引き立ていただき、ありがとうございます」となります。

269

相手に「お世話になった」と伝えるとき

A・○○様には大変お世話になり……

B・私は、○○様に大変お世話になり……

手紙にも上座と下座があるのを知っていますか？　手紙は行の上（前）側が尊く、下（後）の方が下座となっています。「私」「主人」などは、文末に持ってくるようにし、「○○様」「あなた」「ご主人」「貴社」など相手を表す言葉は行の上に持ってくるようにします。

答え　A

270

丁寧な手紙を書き始めるとき

A・一筆申し上げます

B・謹んで申し上げます

丁寧な手紙は「謹んで申し上げます」や「謹啓」と書き始め、普通の手紙は「一筆申し上げます」、「拝啓」を用います。どちらの結語にも女性は「かしこ」が使えます。「かしこ」より丁寧な言い方に「あらあらかしこ」があります。

答え　B

271

季節の挨拶のあとに言葉を続けるとき

A・○○様には、いかがお過ごしでしょうか
B・○○様は、いかがお過ごしでしょうか

相手の名前のあとにつける助詞は「は」ではなく「には」とします。文法的には誤りとなりますが、尊敬する人の名を主語として直接的に語ることを失礼ととらえる日本の文化が生んだ約束事のようなものです。

答え A

272

目上の人への「様」の漢字を使い分けるとき

A・○○様
B・○○様

目上の人に宛名を書くときには、「様」という字の旧字体にあたる右下の「水」を「永」に変えた「様」（「えいさま」とも）と書くと相手を尊敬している意味合いとなりますので、取り入れてみましょう。ただし、パソコンでは変換できない場合もあります。

答え A

273

自分の意見を述べるとき

A・私見を申し上げます
B・卑見を申し上げます

使い方としては、間違いではありませんが「私見」は敬語ではありません。あえて敬語表現を使うとしたら「卑見（ひけん）」とします。卑見は自分の意見をへりくだって言う言葉。相手の意見を高める言葉は「御高見」、「貴見」、「御高説」となります。

答え B

274

ケガをした相手への安否を気づかう手紙を書くとき

A・思わぬ事故でお転びになり、ご骨折をされたと伺いましたが……
B・思わぬ事故で転倒して、骨折されたと伺いましたが……

「転ぶ」や「骨折」などマイナスイメージの言葉は、不自然になりますので敬語表現にするのは避けた方がよいでしょう。Bのようにすっきりと言うのが正解です。

答え B

275

1月の時候のあいさつはどっち？

A・新春の候
B・立春の候

「立春」は2月4日ごろ。1月をさす言葉は、ほかには「初春」や「寒の入り」（1月5日ごろ）が適切で、「初春にふさわしいおだやかな日が続いております」、「寒の入りを過ぎ、寒さが一段と厳しく感じられます」などと続けます。

答え A

276

3月の時候のあいさつはどっち？

A・春暖の候
B・早春の候

「春暖の候」は、主に気候が暖かくなった4月に使う言葉。春のなりはじめを意味する「早春の候」が3月のあいさつにあたります。「一雨ごとに春らしくなって参りました」、「暑さ寒さも彼岸までと申します」などもよく使われます。

答え B

277

7月の時候のあいさつはどっち？

A・盛夏の候

B・向夏の候

「向夏の候」は「夏に向かう」と書きますので、夏より前の季節である、6月のもの。7月のあいさつはほかに、「暑さ厳しき折」、「いよいよ本格的な夏がやってきました」とはじめるのもOK。

答え A

278

9月の時候のあいさつはどっち？

A・初秋の候

B・仲秋の候

現在の季節で秋は9～11月ですが、時候の挨拶の季節の判断基準となる二十四節気では8～10月が秋となります。とはいえ、時候の挨拶は基本的には自由。書く際には季節感に合ったものを選びましょう。「初秋の候」は9月7日頃までなら使用してもOK。

答え B

第5章

日常生活で使う敬語

●ご近所づきあいでの敬語

279

近況を尋ねるとき

A・お変わりなくお過ごししていらっしゃいましたか？

B・お変わりなく過ごしていらっしゃいましたか？

「お過ごしして」＋「いらっしゃいましたか」と敬語が重なっていますので、シンプルに「過ごしていらっしゃいましたか」が適語です。「お久しぶりです。お変わりありませんか」という言葉も。目上の人には「ご無沙汰しております」のほうが謙虚です。

答え B

280

隣の住人に初めて手土産を渡すとき

A・つまらないものですが

B・お近づきのしるしにどうぞ

昔から「つまらないものですが」が常套句でしたが、近年では「甘いものがお好きだと伺ったので」「私の地元で人気のお菓子です」などプラスの言葉を添えて渡したほうが喜ばれます。

答え B

281

立ち話の後に別れるとき

A・お引きとめして失礼いたしました

B・時間をいただいてすみません

「すみません」よりも「失礼いたしました」や「申し訳ありません」を使います。どちらが話しかけたとしても、別れるときには「お引きとめして申し訳ありません」とお詫びの言葉を付け加えましょう。「じゃあまた」よりも、「失礼します」と言うと品があります。

答え A

282

急に立ち寄ったとき

A・近くまで伺わせていただきましたので、ご挨拶だけでもと……

B・近くまで参りましたので、ご挨拶だけでもと思いまして……

Aは、「伺う」と「いただく」で二重敬語となります。また「伺わせて……」は相手の許可をもらっているような雰囲気ですので、この場合には「近くまで参りましたので」と。「お約束もせず参りまして、申し訳ございません」という言い方もあります。

答え B

283

集まりに参加するか聞くとき

A・町会にはいらっしゃいますか？

B・町会には来られますか？

「来られますか」は文法的に間違いではありませんが、尊敬の「れる・られる」の意味ではなく、「来ることができる」という可能の意味と捉えられてしまう場合も。シチュエーションによって勘違いを避けるため「いらっしゃいますか」と言い換えるほうがベター。

答え A

284

路上で道を尋ねるとき

A・お伺いさせていただいてもよろしいでしょうか

B・少々伺いたいのですが

Aは「お伺い」＋「させていただいて」に加え、さらに「よろしいでしょうか」とくどい表現に。「伺う」がすでに謙譲語ですので、「伺いたいのですが」「伺ってもよろしいでしょうか」「お尋ねしたいのですが」などとします。

答え B

285

帰宅途中の人と別れるとき

A・お気を付けてお帰りくださいませ

B・お気を付けてご帰宅になってください

「ご帰宅になる」はおかしな敬語。「お気を付けてお帰りください」「お気を付けて」だけでも大丈夫です。声をかけるだけでも親切な行為なので、敬語はシンプルでよいでしょう。

答え **A**

286

相手からの申し出を断るとき

A・お気持ちだけありがたくいただきます

B・ご遠慮させていただきます

相手からの誘いに対して「遠慮する」というのは不適切。「結構です」「いいです」なども相手の厚意をはねのけている印象があります。「ありがとうございます。お気遣いなく」など相手の気遣いに感謝する態度を忘れずに。

答え **A**

287

連休の予定を聞くとき

A・連休はどちらへ参られますか？

B・連休はどちらかへおでかけですか？

「参る」は謙譲語なので相手の行為に使うのは間違い。「行く」の尊敬語を使って「どちらへ行かれますか」、「どちらへおいでになるのですか」とすると、より丁寧に。「どちらにいらっしゃるのですか」は最も丁寧な表現となります。

答え B

288

急いでいるときに話しかけられたとき

A・申し訳ありませんが、待ち合わせをしておりまして……

B・恐れ入りますが、急いでいるので失礼します

「急いでいる」とはっきり伝えるよりも、第三者がいるという理由のほうが角が立ちません。また、「急いでいるので」よりも、「今急いでおりますので」と「いる」の謙譲語の「おる」を使うと丁寧な言い方になります。

答え A

289

知らない人のことを尋ねるとき

A・あの人はどなたでしょうか?

B・あちらはどちら様ですか?

「どなた様でしょうか」という言い方もありますが、「どちら様でしょうか」のほうが相手の人が聞いたときの印象がよいようです。「あの人」はNG。直接聞くときには「失礼ですが、お名前をお聞きしてもよろしいですか」と聞きます。

答え B

290

天候の話題を話すとき

A・雨の日が続いておりますね

B・雨の日が続いていますね

「続いております」だと天気がへりくだっているようなので、「続いています」に。「おります」は「用意しております」など自分の動作に対する謙譲語として用います。手紙の時候の挨拶として「暖かい日が続いております」はOKですが、日常会話では注意が必要です。

答え B

291

モノを渡すとき・粗品などお礼の品を渡すとき

A・粗品ですがご笑納させてください

B・粗品ですがお納めください

「受け取る」の尊敬語は、「お納めになる」「お受け取りになる」など。「つまらない物ですが笑って受け取ってください」とへりくだって言う言葉として「ご笑納くだされば幸いです」と使います。「ご笑納」に「させてください」をつけてへりくだりすぎるのはNG。

答え B

292

会話の内容がよくわからなかったとき

A・もう一度おっしゃっていただけますか？

B・詳しく教えていただけますか？

「もう一度」というと相手の説明が足りなかったように聞こえてしまうこともあるので、「詳しく教えて～」「確認したい点がございます」など。わからないことがあったときにも、このように聞き直せば角が立ちません。

答え B

293

相手の意見をたずねたいとき

A・お考えをお聞きしてもよろしいですか？

B・どのようにお考えですか？

「お考え」「お聞きして」とやたらと丁寧に言おうと「お」を付けすぎるのもNG。「考えをお聞きできますか」など敬語はお尻にもってくるとスッキリと聞こえます。

答え B

294

自分の意見を伝えるとき

A・私見でございますが

B・私のご意見をお伝えしてもよろしいでしょうか

自分の意見に「ご」を付けるのは間違い。「私の意見をお伝えになる」や「私の意見をお伝えになっても〜」にすると、自身に尊敬語を使っていることになり誤りになります。

答え A

295

相手に知っておいてもらいたいことを伝えるとき

A・お耳にお入れしておきたいことがあります

B・お耳に入れておきたいことがございます

丁寧に言おうとして「お」をつけすぎるのも過剰敬語です。敬語はごちゃごちゃつけすぎるのもNGで、「お耳に入れておきたいことがございます」など、敬語はまとめて一か所に。

答え B

296

聞きにくいような質問があるとき

A・つかぬことをお伺いしますが

B・少々お伺いしますが

「つかぬこと」は、「それまでの話とは関係のないこと」「だしぬけのこと」という意味。「つかぬこと」と切り出すと相手も身構えてしまいますので「少々」と言い換えます。「少々つかぬことを……」と合わせるのは過剰な表現です。

答え B

297

また会いたいと伝えるとき

A・またお会いになれればと存じます

B・またお目にかかりたいです

「会う」の謙譲語は「お目にかかる」「お会いする」など。相手や第三者が誰かに会う場合には「お会いになる」を、自分が会う場合には「お会いする」を用います。尊敬語で「会いたい」は「お会いしたい」「お目にかかりたい」となります。

答え B

298

相手の家族の近況を尋ねるとき

A・お父様もお元気でいらっしゃいますか？

B・お父様もお元気されていらっしゃいますか？

「お元気される」という言い方はしません。「お元気ですか」「お変わりなく過ごしていらっしゃいますか」など。返答には「おかげ様で元気に過ごしております」などを使います。健康状態を聞くときには「お加減はいかがですか」としましょう。

答え A

299

相手をいたわるとき

A・お体ご自愛ください

B・ご自愛ください

「自愛」には体を大切にするという意味合いがすでにありますので、「お体ご自愛ください」は二重表現となり間違いです。二重表現とは「馬から落馬する」など一文の中に重複があるものです。

答え B

300

早めに寝ることを促すとき

A・お疲れでしょうから、早めに寝てください

B・お疲れでしょうから、早めに休まれてください

「寝る」の敬語には「休む」を使います。「お休みになる」「休まれる」「お休みなさる」「床につかれる」「横になられる」など婉曲表現が好んで使われます。「先に寝ていいか」と聞くときには「先に休ませていただいてよろしいでしょうか」という謙譲表現になります。

答え B

301

急いでいる方に順番などを譲るとき

A・よかったら先に行かれますか？

B・よろしければお先にどうぞ

「よかったら」ではなく「よろしければ」「よければ」と丁寧な言い方をします。「お先にどうぞ」もしくは「先にどうぞ」でも可。ちなみに、英語だと「After you.」と表現します。

答え B

302

相手に調べてもらいたいとき

A・どちらが早いかお調べいただけますか？

B・どちらが早いかお調べしていただけますか？

「お調べしていただけますか」は、謙譲表現の「～していただけますか」と「お～いただけますか」を混同している間違い。「お～していただけますか」という表現は使いがちですので気をつけましょう。

答え A

303

相手の息子を褒めるとき

A・ご立派な息子さんですね

B・立派なご子息でいらっしゃいますね

相手の息子のことは「ご子息」「ご令息」と言います。小さなお子さんには、「お坊ちゃん」も使います。自分の側について言う場合は「息子、せがれ」などが使われます。「うちのせがれがお世話になっております」など。

答え B

304

相手の娘が来ていたことを相手に話すとき

A・先ほど娘さんがいらっしゃいました

B・先ほどお嬢様がお見えになりました

相手の娘のことは「娘さん」よりも「お嬢様」「ご令嬢」と言うほうが敬意が高くなります。「来る」の尊敬語は選択肢の「いらっしゃる」「お見えになる」のほかに、「おいでになる」「お越しになる」もあります。

答え B

305

自分の身内に教えを授けてほしいとお願いするとき

A・家内に料理を教えてあげてください

B・家内に料理を教えてやってください

身内に対して「～してあげる」を使うのは間違い。「紹介状を書いてあげます」など「～してあげる」は敬意が軽く、目上の人には使えません。

答え **B**

306

目上の人の作品を褒めるとき

A・大変お上手ですね

B・すばらしい作品ですね

「お上手」という言葉は上から目線の物言いと捉えられがちです。「すばらしいですね」「見事な作品ですね」や、いろいろこなす人に対しては「多才ですね」「何でもこなされますね」などの表現を使いましょう。字を褒めるときには「達筆ですね」など。

答え **B**

307

相手が持っているものを見せてもらいたいとき

A・そちら拝見させていただいてもよろしいでしょうか？

B・そちら拝見してもよろしいでしょうか？

つい丁寧に言おうとして、「させていただく」を使ってしまいがちなので気をつけましょう。聞きづらく、周りくどい印象になってしまいます。敬語はスッキリと、が基本です。

答え B

308

体験してみたいと伝えるとき

A・ぜひ、やらさせてください

B・ぜひ、させていただきます

「やる」は「する」の俗語的な表現。品のよい表現ではないので、別の具体的な動詞に言い換えます。「やる」の尊敬語は「おやりになる」「される」「なさる」、謙譲語は「いたす」「させていただきます」となります。

答え B

309

「調べます」と伝えるとき

A・時刻表でお調べしますのでお待ちいただけますか?

B・時刻表でお調べになりますのでお待ちいただけますか?

「調べる」の謙譲語「お調べする」が正解。また、「調べる」は相手に頼まれてする行為ですので、尊敬表現の「お調べになってお待ちください」などの使い方は避け、「ご確認いただきお待ちください」などの言い換えが好ましいです。

答え A

310

自分の勤務先を伝えるとき

A・○○株式会社で働いております

B・○○株式会社で働かさせていただいております

「〜させていただく」という表現に、余計な「さ」が入ってしまう間違い。よく聞く「働かせていただいております」も間違いではないですが、スマートに「働いております」でOK。同様に「行かせていただきます」よりも、「参ります」「伺います」とします。

答え A

●家に招かれたとき・招いたとき

311

訪問時のあいさつ

A・本日はお招きいただきありがとうございます
B・本日はお招きしていただきありがとうございます

「お招きいただき」が基本のフレーズ。訪問時、玄関先でのあいさつです。お招きいただいたあとの帰りには「本日は、おもてなしにあずかりまして、ありがとうございます」「おもてなしいただきましてありがとうございます」とお礼を伝えます。

答え A

312

お茶を出してもらったとき

A・どうぞ、お気遣いなさらず
B・お気遣い、ありがとうございます

Aの選択肢は、「ありがとうございます、お気遣いなく」ならば正しい言い方です。相手の気遣いに対する感謝の言葉を忘れずに。遠慮したいとき、気持ちだけいただきたいと言うときには、「お気持ちだけありがたく頂戴いたします」と言います。

答え B

313

食べ物などを提供するとき

A・よろしければお召し上がりください

B・よろしければいただいてください

「いただく」は謙譲語ですので、相手の行為に対しては使いません。「お口に合うかわかりませんが」などと前置きして「お召し上がりください」と締めます。「地元の名産なんです」「田舎からたくさん送られてきまして」などを付け加えてもよいでしょう。

答え A

314

温かい食べ物をすすめるとき

A・温かいうちに、さあ、どうぞ

B・温かいうちに、遠慮せずにどうぞ

温かい料理などをすすめるときのフレーズ。目下の人へならばストレートに「遠慮せずに」と伝えてもよいですが、目上の人へは「さあ、どうぞ」と自らも箸をつけながら相手に促します。

答え A

315

トイレを使わせてもらうとき

A・お手洗いはどちらでしょうか？

B・お手洗いをお借りしてもよろしいでしょうか？

「お手洗いをお借りしても〜」とお伺いを立てる表現で頼みます。「トイレはどこですか」はNG。訪問が長時間でない場合には、事前に済ませてから訪問するのもマナーです。

答え B

316

帰宅する旨を伝えるとき

A・そろそろ失礼いたします

B・そろそろ帰らせていただきます

時計を見て「もうこんな時間ですね、すっかり長居をしてしまいました」と前置きしてから告げると自然です。「帰る」という表現よりも「失礼する」「おいとまする」という言葉とともに、「ありがとうございました」とお礼を告げます。

答え A

317

来客を家に迎えるとき

A・おいでいただき、ありがとうございます

B・わざわざいらっしゃっていただき、ありがとうございます

相手に対して「わざわざ」という言葉よりも「遠いところを」、雨ならば「足元が悪いところを」などと表現したほうが好印象です。「お待ちしておりました」の言葉とともに「お上がりください」と声をかけます。

答え A

318

来客を見送るとき

A・またおいでになられてください

B・またおいでください

Aは「来る・行く」の尊敬語「おいでになる」に「られる」がついた二重敬語なので、「来ること」の尊敬語にあたる「おいで」を使ったBが正解。ちなみに、「おいでになる」には「いる」の尊敬語の意味もあり、「ご主人様はおいでになりますか」という使い方も。

答え B

●お店で食事をするとき

319

食事に誘われたとき

A・ご馳走にならせていただきます

B・それではお言葉に甘えて

「ご馳走になります」なら正しいですが、「ご馳走にならせていただく」はおかしな敬語です。「お言葉に甘えさせていただきます」「ありがたくご馳走になります」など、相手が用意してくれている場合には遠慮せず好意に甘えることも大事です。

答え B

320

値段を尋ねるとき

A・全部でいかほどでしょうか？

B・全部でおいくらになりますでしょうか？

「いくら」の丁寧な言い方として「いかほど」があります。ダイレクトに値段がいくらか聞くよりも、上品な言い方です。お店で値段を聞くときにも使える表現です。

答え A

321

料理の感想を言うとき

A・盛り付けが少なめですね

B・盛り付けが上品ですね

食事をしているときに、量の多少や味付けの話題になることがあります。ダイレクトに言わずに、少ないのは「上品」、味が濃いは「しっかりしたお味」など婉曲的な表現にすることで、場の雰囲気を崩さないようにする言葉のマナーです。

答え **B**

322

酔った人に「お酒はほどほどに」と伝えたいとき

A・お体にさわりますので、そのくらいにしておきましょう

B・飲みすぎていませんか、これくらいにしておいたほうが……

目上の人に対して「飲みすぎていませんか」というのは失礼になります。相手の健康を気遣う言葉とともに、語尾を「～しておきましょう」という表現にしてやわらげて伝えます。

答え **A**

●公共施設で使う敬語

323

リクライニングシートを倒すとき

A・シートを倒してもよろしいですか？

B・倒させていただきます

「～させていただきます」は、口調は丁寧ですが、相手に有無を言わせない言いきりの言葉となります。後ろの席の相手に許可をとるように「～してもよろしいですか」と、お伺いのかたちで伝えるほうが丁寧です。

答え A

324

空いている席に座りたいとき

A・空いていますか？

B・こちらの席、よろしいですか？

「空いていますか」でも間違いではありませんが、「こちらの席、よろしいですか」と聞くほうが丁寧です。前を横切るときには「前を失礼します」などの気遣いのひと言を添えると気持ちよく過ごすことができます。

答え B

325

座席を詰めてほしいとお願いをするとき

A・お席をお詰めいただけますか？

B・恐れ入りますが席をお詰めくださいませんか？

丁寧に言おうとして「お」をやたらとつけすぎるのも過剰な敬語となります。「席をお詰めくださいませんか」など、敬意を表したいときに使う敬語は一か所にまとめたほうがスッキリとします。

答え B

326

相手に「利用できない」ことを伝えるとき

A・エレベーターはご利用できません

B・エレベーターはご利用になれません

「ご利用できない」を相手に使うのは間違い。相手の行為に謙譲表現「ご～できない」をあてはめて使うことは誤りです。禁止を伝えるときには「ご利用にならないでください」「ご利用になりませんよう」「ご利用くださいませんよう」となります。

答え B

●結婚式で使う敬語

327

スピーチなどの役割を任されたときのあいさつ

A・大役をお受けさせていただきました

B・大役を仰せつかりました

「言いつかる」の謙譲語「仰せつかる」は、目上の人から命令を受けること。敬意は非常に高い言い方となります。「大役を」という言葉には「仰せつかり」と続けるのが一般的。Aは過剰敬語となっているので、「お受けいたしました」とするなら問題ありません。

答え B

328

受付などで記入をお願いするとき

A・差し支えなければお書きになられてください

B・差し支えなければご記入ください

「お書きになる」に「られる」がついた二重敬語。「お書きになってください」ならばよいでしょうが、シンプルに「ご記入ください」「お書きください」「お書き願えますか」などとします。

答え B

329

特別にお祝いを受け取ったときのお礼を伝えるとき

A・気を使っていただきありがとうございます

B・お心遣いありがとうございます

相手に対して「気を使っていただき」とは言いません。「お気遣いありがとうございます」「お心遣いありがとうございます」などがスムーズな表現です。

答え B

330

新郎新婦からのプレゼントを持って行ってもらうとき

A・おひとり様ひとつずつお持ちください

B・おひとり様ひとつずつご持参ください

相手の行為に対して、「ご持参ください」とは言いません。「お持ちください」「お持ちになってください」となります。相手の行為に謙譲表現「お～する」を使う「お持ちしてください」という表現も誤りとなります。

答え A

331

出席者の方に呼びかけるとき

A・ご臨席を賜りました皆様

B・ご出席いただきました皆様

披露宴などのパーティの際には出席とは言わずに「ご臨席」と改まった言い方をします。「ご臨席」は「出席する」の意味。「賜る」は「いただく」のより丁寧な表現です。「ご列席いただき」という言葉もありますが、二つの言葉の中間的な敬語の度合です。

答え A

332

人にスピーチをお願いするとき

A・お祝いの言葉を頂戴したいと思います

B・お祝いのお言葉を賜りたいと存じます

「頂戴する」は、「もらう」「受け取る」「食べる」の謙譲語です。相手のお祝いの言葉に対しては、「頂戴する」よりも「賜わる、いただく」を使うほうがより敬意を表した表現となります。謙譲語の「賜る」は非常に敬意の高い言葉です。

答え B

333

パーティ会場で初対面の人との話を切り上げるとき

A・それでは、ご挨拶する方がおりますので……

B・それでは、また。失礼します

披露宴などでは、初対面の人と話す機会もあるでしょう。会話が続かないときや、切り上げたいときはあいまいな言葉を使うのではなく、「ご挨拶する方が……」と用件を伝えてからその場を去るほうが、気まずい雰囲気が出ません。

答え A

334

控室で親族に会ったとき

A・○○さんの親友の～と申します

B・○○さんの友人で～と申します

親族に挨拶をするときには、自分の立場を明確に。親しい間柄でも自分から「親友」というのはNGです。「仲良くさせていただいている」という表現も聞きますが、簡潔に「○○さんの友人です」と伝えるほうが好印象です。

答え B

●お見舞いのときの敬語

335

お見舞いに行きたい旨を相手の家族に伝えるとき

A・○○さんのお見舞いに伺いたいのですが、可能でしょうか？

B・○○さんの病室はどちらになりますでしょうか？

まず、見舞いが可能かどうかを、伺うかたちで確認します。「お見舞いに伺いたいのですが、よろしいでしょうか」などとご家族に確認してから、病室などの詳細を確認するようにします。

答え A

336

病気の知人のお見舞いに訪ねたとき

A・お体の具合はいかがでしょうか？

B・体のお加減は、いかがでしょうか？

「お加減はいかがですか」が正しい表現です。「お加減」は相手を敬ってその健康状態をいう言葉です。ダイレクトに体調を聞くよりも、「お加減」のほうがやんわりと相手を気遣う言葉になります。

答え B

337

闘病中の同僚へ言葉をかけるとき

A・会社は順調に稼働しておりますので、心配しないでください

B・会社にはあなたが必要です、早くよくなってください

Aは「あなたがいなくても大丈夫」という意味合いに通じてしまいますので、お見舞いの言葉としては不適切。相手が不安になるような表現は避け、職場のみんなが復帰を待ちわびていること、早く元気になってほしい旨を伝えるようにします。

答え **B**

338

相手の状態が思ったより良さそうなとき

A・お元気そうで安心しました

B・もうすぐ快復ですね、頑張ってください

相手が快復傾向であっても、「頑張って」や「大丈夫ですよ」などの安易な励ましは避けます。「お元気そうで」「お顔の色がいいようで」などの言葉がよいでしょう。もし状態が悪いときだと無理に励ましているように聞こえるので控えるのが好ましいです。

答え **A**

●気遣いのことば

339

相手の体調を気遣うとき

A・お風邪を召しませんように

B・お風邪をひかないように

「風邪をひかないように」も間違いではないですが、敬語表現としては「お風邪など召しませんように」「ご自愛ください」「お体おいといください」などと言います。「いとう」は、「大事にする、いたわる」の意味です。

答え A

340

お手伝いが必要か聞くとき

A・お荷物お持ちしましょうか？

B・お荷物持って差し上げましょうか？

「差し上げる」は「与える・～してやる」の謙譲語。「冊子を差し上げます」や、「お客さんを案内して差し上げなさい」と身内に依頼するときには使いますが、相手が必要としているか否かという状況で「～して差し上げる」は失礼にあたることがあります。

答え A

341

相手の心に寄り添うとき

A・心中、お察し申し上げます

B・お辛かったでしょう

「辛い」という直接表現は避け、決まり文句としての「心中、お察し申し上げます」を使います。葬儀などでは「心からお悔やみ申し上げます」「このたびはご愁傷様でした」など。お悔やみは長々と述べる必要はありません。

答え A

342

夫を亡くされた人について話すとき

A・ご主人と死別されたそうです

B・ご主人とご死別なされたそうです

この場合「ご」をつけたり「なされる」は使わず「死別されたそうです」が決まり文句です。また、「未亡人」という言葉はもともと夫を亡くした女性が自らを言った言葉なので、「○○さんは未亡人だそうです」は避けたい表現です。

答え A

●誘うとき・誘われるとき

343

少し話す時間をもらいたいとき

A・10分ほど、お時間いただけませんでしょうか？

B・10分だけお時間頂戴できませんでしょうか？

「もらう」の謙譲語は「いただく」「頂戴する」「頂戴いたす」「賜る」です。「頂戴する」は物を受け取るときに使うことが多いので避けたい表現。時間をつくってもらうときの的確な表現は、「いただけませんでしょうか」となります。

答え **A**

344

相手をイベントに誘うとき

A・もしよろしければ、○○に一緒に参りませんか？

B・もしよろしければ、○○にご一緒しませんか？

「参る」は「行く」の謙譲語ですので、相手の行為に対しては使いません。他に「イベントがあるのですが、いかがですか」など。こちらから日時を指定するときには、「○日は大丈夫ですか」よりも「○日はいかがでしょうか」と問いかけるようにすると丁寧です。

答え **B**

345

相手の都合が合わなかった場合

A・お忙しいと思いますので、全然大丈夫です

B・お忙しいのは承知のうえですので、お気になさらないでください

「全然大丈夫」という言葉は昨今よく使われていますが、言葉のルールに則れば間違いです。「全然」は「〜ない」という否定語とともに使います。「残念ですが、次の機会にお願いいたします」「ご無理を申し上げまして、失礼いたしました」などと返事をします。

答え B

346

空いている日時を尋ねるとき

A・ご都合のよい日を教えていただけますか？

B・ご都合のほうは、いかがでしょう

「〜のほうは」という言い回しではなく「〜のよい日は」と尋ねます。相手の予定を聞くときには「ご予定は？」「お暇な日は？」という表現よりも「ご都合はいかがですか」と問いかけます。暇という言葉は相手が失礼に感じる場合がありますので、気を付けます。

答え A

347

日時の確認をするとき

A・それでは、○月○日の7時にお伺いします

B・では○月○日の7時に伺わせていただきます

「伺わせていただく」は二重敬語です。また、時間の確認のときは聞き間違えやすい数字に気を付け、「7時」は「しちじ」ではなく「ななじ」、午後であれば「じゅうくじ」と発音するなど、相手に誤解を与えないように気を付けます。

答え A

348

パーティを開催するときの言葉

A・パーティを開かせていただきます

B・パーティを開きます

自分が開催するのだから、「開きます」とシンプルに。「～させていただく」だと許可を得てパーティを開くという意味の表現になってしまうので、オーバーな表現です。「パーティが開会されます」も、パーティに敬意を表しているので過剰な表現です。

答え B

349

予定が見えなくてすぐに返事ができないとき

A・わかりましたら、すぐに連絡します

B・改めてお返事いたします

「わかったら連絡する」というニュアンスではなく、「予定を確認しまして、改めてお返事いたします」、「のちほどご連絡します」と答えます。また「すぐにお返事ができず、申し訳ございません」という言葉を添えて丁寧な返答を心がけましょう。

答え B

350

目上の人に、自分の家やどこかへ出向いてもらいたいとき

A・来ていただけませんか？

B・お運びください

目上の人に出向いてほしいところがあるときに使う、「行く」や「来る」の尊敬表現の「運ぶ」を使いましょう。「遠いところ恐縮ですが、ぜひ私どもの家までお運びください」などと使います。

答え B

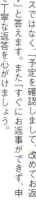

【主要参考文献】

『気のきいた短いメールが書ける本』中川路亜紀　ダイヤモンド社
『きれいな敬語　羞《はず》かしい敬語』草柳大蔵　グラフ社
『問題な日本語』北原保雄　大修館書店
『「問題ありません」は上から目線！　大人の敬語常識』トキオ・ナレッジ　宝島社
『できる大人のモノの言い方大全』話題の達人倶楽部編　青春出版社
『敬語言い換え辞典』学研辞典編集部編　学研
『使いこなせたら一人前　社会人の日本語』山本晴男　クロスメディア・パブリッシング
『心に残る美しい手紙とはがき』辰巳出版
『すぐに使えて、きちんと伝わる　敬語サクッとノート』山岸弘子　永岡書店
『大人なら知っておきたいモノの言い方サクッとノート』櫻井弘　永岡書店
『使える！　好かれる！　ものの言い方伝え方　マナーの便利帖』日本サービスマナー協会監修　学研パブリッシング

『使える！　伝わる！　敬語と言葉づかい マナーの便利帖』直井みずほ　学研パブリッシング
『接客・商談の一流プロに学ぶ！　お客様の心を動かす敬語と話し方』戸田覚　ダイヤモンド社
『デキる人の敬語の正しい使い方』半谷進彦　明日香出版社
『人から好かれる話し方・しぐさ　基本とコツ』磯部らん　西東社

【監修者紹介】

磯部らん（いそべ・らん）

マナー講師・利酒師・文筆家。

大手運輸会社で長年勤務したのち、都内の研修会社に就職、その後独立。自己啓発本の出版や雑誌でのコラム執筆、マナー講師として企業で研修を行い、テレビやラジオにも出演。

日本酒と風呂敷包みなど和のマナー講師や、国内外での利き酒会を通して日本酒を広げる活動もしている。

著書に『超入門 ビジネスマナー 上司が教えない気くばりルール』（すばる舎）、『人から好かれる話し方・しぐさ　基本とコツ』（西東社）、『好かれる人の秘密―マナー美人になりたいあなたへ』『夢がかなう人生の秘密』（グラフ社）、『なりたい自分になれる秘訣』（廣済堂出版）がある。

http://www.isoberan.com/

正しい敬語どっち？ 350

平成30年2月20日第一刷

編　者　日本語力検定委員会

監　修　磯部らん

制　作　株式会社ミニマル

発行人　山田有司

発行所　株式会社　彩図社
〒170-0005　東京都豊島区南大塚3-24-4　MTビル
TEL：03-5985-8213　FAX：03-5985-8224

印刷所　シナノ印刷株式会社
URL　http://www.saiz.co.jp　https://twitter.com/saiz_sha

ISBN978-4-8013-0280-8 C0081